伟人成功故事

世界
大数学家
成功故事

张 哲◎编著

中国出版集团　现代出版社

图书在版编目（CIP）数据

世界大数学家成功故事 / 张哲编著. —北京：现代出版社，2012.12

（伟人成功故事）

ISBN 978-7-5143-0887-7

Ⅰ. ①世… Ⅱ. ①张… Ⅲ. ①数学家—生平事迹—世界—通俗读物 Ⅳ. ①K816.11-49

中国版本图书馆 CIP 数据核字（2012）第 274828 号

作　者	张　哲
责任编辑	袁　涛
出版发行	现代出版社
地　址	北京市安定门外安华里 504 号
邮政编码	100011
电　话	(010) 64267325
传　真	(010) 64245264
电子邮箱	xiandai@cnpitc.com.cn
网　址	www.modernpress.com.cn
印　刷	汇昌印刷（天津）有限公司
开　本	700×1000　1/16
印　张	10
版　次	2013 年 1 月第 1 版　2021 年 3 月第 3 次印刷
书　号	ISBN 978-7-5143-0887-7
定　价	29.80 元

前言

你喜欢数学吗？答案也许是不。这可能是曾经为数学"吃过苦头"或正在为数学而"痛苦"的人共同的心声，但是，那些在数学中获得乐趣的人们却会这样告诉你：热爱数学吧，因为它会让你更加聪明。

作为自然学科里一门最基础的工具学科，数学有着古老而久远的发展史。这是一个从具体实物到抽象化概念不断飞跃的质的进步过程，数学从一开始就注定是人类理性思想的结晶。当人类文明史上第一个抽象化数字出现，第一个抽象化图形诞生，数学就一直闪耀着智慧之光。高度的抽象性使数学拥有了无与伦比的独特魅力，简洁明了的符号化特色、论证严谨而且逻辑清晰的推理证明以及化繁为简、以小见大、包罗万象的几何图形等，都是数学抽象化的集中体现。这一特点是热爱数学的人眼中的最美，但也曾使数学高高在上、孤芳自赏，为人所不解。那些独自领略到数学空谷幽兰之美的数学家们，也因此为尘世所误解。数学史上的伟大人物灿若群星，每个人都有着不同的经历。限于篇幅，我们在本书里仅讲述了具有代表性的七位数学家的人生故事，编者对此深感遗憾。本书中简洁朴实的配图和流畅的文字将为您呈现出这些数学家清晰的人生轨迹，我们期望您看到的不仅仅是数学本身，还能更进一步走进大师们的精神世界。

热爱数学吧，它将给你意想不到的收获。

目录

CONTENTS

毕达哥拉斯

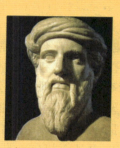

　　一个在古希腊历史上赫赫有名的学者——毕达哥拉斯。他对数字的推崇达到无以复加的地步，他称自己的数字是世界上最崇高、最神秘的事物；他一生几乎未留下著作，却使自己的名字彪炳千秋，使自己的事迹流传千古；他被认为是历史上最具影响力却又最难为人理解的数学家之一，同时又是一位诲人不倦的老师；他创立了毕达哥拉斯学派，不分男女，广收学徒。他生前为人敬仰，在他死后，其思想依然影响着一代代的学者，以及他们在探索世界真相道路上的步伐。

求学拜师

↑勾股定理被称为"几何学的基石",在高等数学和其他学科中有着极为广泛的应用,早在中国商代就由商高发现。在西方历史上,毕达哥拉斯是最早对此定理作出证明的人。

⬆毕达哥拉斯出生的年代,萨摩斯岛已发展成为古希腊重要的商业中心之一。依靠其特殊的地理位置和与外界频繁的贸易往来,这一岛屿变得极为富庶。

勾股定理,这个在三千多年前的商代就被中国古人发现,被古巴比伦人和古埃及人早已应用到实际生活中的几何定理,直到两千五百多年前,才被一个古希腊人用他的聪明才华证明了出来。他用热情洋溢的诗歌描述了这个他证明的第一个数学定理,这个人就是毕达哥拉斯。作为人类历史上第一个堪称伟大的数学家和哲学家,毕达哥拉斯的一生曲折传奇。

古希腊在人类数学发展史上占据着不可分割的一席之位,也许正是因为古希腊人有着对数学和逻辑格外重视的传统,才涌现出一个个光辉夺目的数学明星。公元前6世纪中期,在爱琴海东岸即今天土耳其安纳托利亚西南海岸地区,居住着一个叫做爱奥尼亚人的部落。他们从公元前2000年后期就开始在此定居,并建立起自己的城邦,创造出属于自己的灿烂文明。

公元前580年(一说是公元前560年)前后,毕达哥拉斯出生在爱琴海东端属于爱奥尼亚人的萨摩斯岛上。这座岛屿的面积有大约400平方千米,在大大小小、数以千计的希腊诸岛中位列第八,它距离小亚细亚即今天的土耳其西海岸仅数千米之遥,在不是特别糟糕的天气里,几乎可以用肉眼可见。

毕达哥拉斯出生时,正是古希腊人殖民热潮风起云涌的年代,希腊人的殖民范围从地中海延伸到整个爱琴海沿岸。那个时候人们的观念里只有城邦,国家的概念尚未形成。萨摩斯岛与希腊本土及其他岛屿城邦、殖民地之间的往来和文化渊源主要来自航海、贸易和神话、寓言。传说,古希腊神话中的主神宙斯之妻、天

后赫拉就诞生在这座岛屿之上，直到今天这里仍然竖立着赫拉神庙。

毕达哥拉斯的父亲并不是萨摩斯岛当地土生土长的爱奥尼亚人，也并非一海之隔的小亚细亚或其他部落的希腊人，据说是来自腓尼基一个叫提尔的城市。这座城市位于今天的黎巴嫩南部，与以色列只有 20 千米左右的距离，但与萨摩斯岛则相距 1000 千米以上，而这对那个时候的人们来说，真可谓万水千山之隔了。

世界大数学家成功故事

这位千里迢迢来到此地的外乡人是个地道的精明商人，把生意做得红红火火的同时，他还慷慨解囊，在萨摩斯的灾荒之年，捐出了几船粮食，被岛上的居民授予"荣誉市民"。然后，这位举止潇洒、乐善好施、尚未娶亲又有钱的外乡人就把自己的生意和生活重心一起做了个大转移，他迎娶了岛上最美丽的姑娘，在此安家落户了。婚后不久，他们的第一个孩子出世了，他们给他取名叫毕达哥拉斯。

🔺 萨摩斯岛上的毕达哥拉斯雕塑

在毕达哥拉斯长成懂事的翩翩少年时，父亲就经常带他跟随自己的商船四处旅行。时间不长，又把他送回到老家提尔接受启蒙教育，学习自己的母语腓尼基语。提尔是一座在那个年代远近闻名的商业城市，也许就是在这里，少年时代的毕达哥拉斯就已经接受了数论技巧的熏陶，这也成为他后来极力推崇数字的一个始因吧。

经历了在提尔的短暂生活之后，毕达哥拉斯回到了萨摩斯，不久又被父亲送到大诗人克莱菲洛斯门下学习诗歌。古希腊人热爱诗歌，诗人是当时社会非常受人尊敬的职业，每个男孩在文法学校接受了拼写和计算学习之后，接下来要去的地方就是诗歌学校。诗歌学校教授孩子们诗歌和音乐，那里的老师个个都是诗人。当然了，如果要拜那些大诗人为师，学费自然也不菲。除学习诗歌和音乐外，老师们还教授学生政治和一些历史常识以及辩论演讲方面的技巧，也包括一些体育和军事训练。

作为希腊哲学之父，泰勒斯以游历天下闻名。据说，他在埃及曾根据影子比例测定了金字塔高度，他的思想对毕达哥拉斯产生了深刻影响。

阿那克西曼德是一位有着丰富天文学知识的学者，据说，他绘制了世界上第一张球状的天文图。毕达哥拉斯师从于他，学到了许多天文学知识。

伟大的人物并非个个都是天资聪颖的奇才，毕达哥拉斯就是如此。直到18岁时，他都未能表现出任何出众之才，也没有让人刮目相看的创造和发现。那个时候，古希腊人对知识的渴求在整个社会上形成一股风尚，受这种氛围的影响，这个18岁的青年内心也充满向往。公元前560年前后，在父母的鼎力支持下，毕达哥拉斯只身前往当时小亚细亚最繁华的城市米利都求学，然后又去了得洛斯。他先去拜访了爱奥尼亚学派的创始人泰勒斯，希望成为泰勒斯门下的学生。

泰勒斯被认为是西方自然科学和哲学之祖，是开启数学论证先河的第一人。他在数学领域引入的命题证明思想被认为是数学史上非同寻常的一大进步，数学也由此成为一个严密的学科体系。泰勒斯同时又是希腊几何学的先驱，他开创了平面几何学，建立起了不少至今仍然通用的几何基本定理，如"等腰三角形底角相等""两直线相交，其对顶角相等""半圆上的圆周角都是直角"等。此外，他在天文学和气象学方面也卓有成效。他是第一个计算出一年有365天的人，曾科学地解释过日蚀产生的原因。他提出了水或湿气构成宇宙的结论，认为这些单一物质构成了宇宙的基础。虽然这一论述并不正确，但他为希腊拨开神话天空的一角，让哲学之光洒向了这片岛屿，因此被亚里士多德推崇为欧洲哲学的奠基人。

尽管泰勒斯最终以年事已高为由，拒绝了毕达哥拉斯的拜师请求，但他的思想仍然给了后者深刻的影响。以他的单一物质论为基础，毕达哥拉斯提出了自己"万物皆数"的一元哲学论。

在泰勒斯的建议下，好学上进的毕达哥拉斯转而向同城的另一位哲人阿那克西曼德求学。

要说起来，阿那克西曼德还是泰勒斯的学生，他的著作《自然论》在经历了数千年的波折后，最终被幸运地保留下来。阿那克西曼德早年曾到过巴比伦和叙利亚，他率先把日晷引进到希腊，还用

几何学的比例来绘制地形图和天文图。他的"人和所有动物,都是从鱼演变而来"的说法,后来都被毕达哥拉斯吸收并融入到他自己的轮回学说中。

在向泰勒斯和阿那克西曼德学习之余,毕达哥拉斯还曾到得洛斯岛拜菲尔库德斯为师,学习音乐和诗歌,并得到后者的指导。得洛斯是萨摩斯西南一百多千米处的一座岛屿,面积仅3平方千米,却是希腊重要的宗教圣地。菲尔库德斯是一位神话作家,在他的笔下,爱神丘比特被描绘成一个长不大的孩子。菲尔库德斯对毕达哥拉斯的影响主要在哲学方面,尤其是他的灵魂不灭且能轮回转世的学说。

我要去埃及

常年的海外旅行经历使得毕达哥拉斯有种与家乡人格格不入的气质。公元前550年前后,毕达哥拉斯结束了在米利都和得洛斯岛上的游学,回到萨摩斯岛。此时的他长发披肩,举止洒脱,谈话间也是毫无顾忌,时隔不久,他竟然还穿上了一条"裤子"。这不仅令以赤身裸体为荣的家乡人感到匪夷所思,他本人也随即成为众人眼中的一个另类人物。

一个着装怪异、留着长发,饮食起居与众不同的人,自然难以融入大多数人的群体之中。除此之外,他还大肆鼓吹阿那克西曼德的学说,试图用物理学理论来解释各种自然现象。可想而知,如此一个标新立异、宣扬异端邪说之人,想不引起周围人的注意和反感,只怕也是不容易的,也许有这个结果并不足为奇。毕达哥拉斯很快就为出格的着装以及言行举止付出了代价,他触怒了当地的政治人物和祭司。反感升级为对毕达哥拉斯的共同敌意,随之而来的结果,当地已经容不下他了,他被强烈要求离开这片

毕达哥拉斯在前往埃及的途中,在腓尼基各沿海城市停留,学习当地神话和宗教,并在提尔一神庙中静修。下图为腓尼基城市——提尔。

↑腓尼基人既是古代世界勇敢的航海家，又是精明的商人，他们经常出没波涛汹涌的大西洋，将出产的紫色染料销往地中海各国。毕达哥拉斯像所有的腓尼基先辈们一样，喜欢海上的冒险历程。

岛屿。或许，毕达哥拉斯也早有打算，那就走吧，天地之大，自有他的一席之地。

当时的萨摩斯岛以及整个希腊地区的发达的经济也为毕达哥拉斯的海外旅行提供了契机。也许是继承了热爱大海、自由惯了的腓尼基人的血统，年轻的毕达哥拉斯同样对浪迹天涯、云游四海怀着向往和憧憬。在三十而立的年龄，本该结婚生子、安定家室的毕达哥拉斯却仍然无法静下心来继承父亲的产业。大约在公元前550年，他把继承家业的重任留给了两个弟弟，自己则孤身一人再次踏上远行的旅途。

离开萨摩斯岛，毕达哥拉斯先去了父亲曾经生活过的那个国家，他幼年时留学过的腓尼基游历。这次远游，他的足迹遍布今天的黎巴嫩、叙利亚和以色列沿海的各个城市，当然也去了提尔。生性喜欢海上航行，四处冒险的腓尼基人曾驾驶着他们的船只穿越直布罗陀海峡，沿大西洋航行，往北到过英格兰，往南到过西非，一路逐波随浪，顺利返航。有着腓尼基人血统的毕达哥拉斯，显然也承袭了他们的这一个性。

据说，有一天毕达哥拉斯正在提尔山上的一座神庙里静修，他远远看到海上漂来一艘帆船，突然心血来潮要搭乘此船去埃及，并且二话不说就动身了。只见这个长发飘飘、超凡脱俗的年轻人脚步轻盈地自山上下来，众人只听他说了一句"我要去埃及"，然后就没能听到他的任何言语。他自行上船，在后来的旅途中，不吃不喝、不眠不休，甚至连个盹儿都没打。船上的人们惊讶得下巴都要掉下来了，接着惊讶变成了惊叹，崇敬之情油然而生，他成了众人心中的神。也许真是因为有这个神"坐镇"，接下来三天两夜的航程一路风平浪静，这艘船顺利抵达埃及的某个港口。

彼时的埃及早已不复如拉美西斯二世时期的盛世辉煌，古埃及的灿烂文明已是明日黄花。与此同时，强大的波斯帝国也对其虎视眈眈，迫使埃及不得不求助于当时尚未达到鼎盛的希腊等国庇护。当远道而来的毕达哥拉斯提出学习知识的请求，埃及人简直有些难以置信，他很快得到埃及国王的接见。然而在当时的埃及，掌握并负责所有知识传播的是祭司，他们被认为是当地最有智慧的人。

埃及宗教势力的强大远远地超出了那个时期的希腊,他们可以无视皇室成员的建议或者命令,我行我素,对陌生的外国造访者,自然也是怀着百倍戒心。毕达哥拉斯的求学之情一再遭到拒绝,但是他毫不气馁。为了掌握当地语言,以便更好地和祭司沟通交流;为了找到一处容他安身立足之地,毕达哥拉斯走访了许多城市,从地中海海滨一直到距今已有四千多年历史的古埃及旧城底比斯,最终他找到了一个地处偏远的小神庙住了下来。

接下来的时间里,毕达哥拉斯一头扎入古埃及象形文字的海洋中,埋头学习这种古老文字。事实上,当时这种文字已经简化成所谓的僧侣文了,所以有种说法认为,毕达哥拉斯是第一个学会这种语言的希腊人。掌握语言是为了更好地了解和学习这个古老文明国家的历史、数学、宗教等各种文化。当毕达哥拉斯本人对这些文明有了自己一番透彻的理解后,他也用流利的当地语言,把希腊地区的神话和哲学通过讲学的途径介绍给了埃及人。他的做法得到了当时身在埃及的许多希腊人的尊敬,而他出色的演讲也赢得了祭司阶层的好感,他们对他的态度渐渐从原来的排斥和反感变为尊重和信任。与此同时,加上埃及国王阿马西斯(公元前570—前526年)的推荐,毕达哥拉斯进入更好的神庙学习埃及文化。

在埃及求学期间,毕达哥拉斯发现埃及的祭祀通常都是寡言少语,但恰恰因为这种沉默给了外人一种极大的神

◀ 古埃及的神庙在当时的社会上享有较高的地位。因为神庙掌握着当时埃及的宗教活动、文字书写和专业知识。一些寺僧不仅从事宗教活动,还是文化的保存和传播者。毕达哥拉斯正是通过这样的神庙来学习埃及文化的。下图为埃及著名的卡纳克神庙遗址。

秘感,进而使人们对其产生尊崇敬畏之心,毕达哥拉斯记下并发扬了这个做法。他后来在意大利创办学院,招收学徒,就把"守口如瓶"作为一条纪律,要自己的学生严加遵守。另外,埃及人关于"灵魂不灭"的坚定信仰,也与毕达哥拉斯的老师菲尔库德斯"灵魂转世"说不谋而合,这为毕

在长年累月的建造活动中古埃及人积累起丰富的几何学知识，并且将它们熟练运用于大型建筑的建造上，如金字塔。

达哥拉斯本人的哲学学说提供了素材。

据说，毕达哥拉斯在埃及生活了十余年，但学到的有限的数学知识多少让他有些失望，因为这看起来似乎并不比他在米利都的泰勒斯等人那里学到的东西多。古埃及是世界文化发展最早的地区之一，他们在当时所取得的几何学方面的领先成就为后世所公认。一种观点认为，古埃及人的几何知识可能与尼罗河每年一次的定期泛滥有关。由于洪水泛滥使得河流两岸土地被淹，大水过后，法老需重新分配土地，这种长期积累的土地测量知识逐渐发展成为古埃及的几何学。埃及人能够计算简单的平面图形的面积，知道棱锥、圆锥、圆柱体以及半球体积的计算方式。他们把自己的几何知识大量运用在诸如金字塔和神庙、神殿等宏伟建筑中，虽然这些知识很好地解决了实践中的问题，但却未能上升成系统的理论。

毕达哥拉斯在埃及经历了一段令人羡慕的时光，生活舒适而且受人尊敬，与此前他在家乡受到的待遇大不相同。公元前8世纪—前6世纪的埃及晚期王国衰弱不堪，而公元前6世纪中叶，波斯兴起于伊朗高原的西南部。强大起来的波斯人随后开始对外征战，他们侵入埃及，战火很快殃及居住在此的外国人。强悍的波斯军队将所有留在埃及的希腊人虏获到了巴比伦做奴隶，毕达哥拉斯也未能幸免。不过这一次意外的巴比伦之行，却给他提供了一个学习数学的机会。

虽然古埃及人在几何学方面取得了骄人的成绩，但巴比伦人却在算术和代数学领域开出了自己的一块领地。位于底格里斯河与幼发拉底河两河流域的美索不达米亚平原，也和古老的埃及一样，是人类文明最早的发祥地之一。巴比伦人从远古时代起，就积累了一定的数学知识。他们对整数和分数有着较系统的写法，开创了"十二进制"的计时方法。在代数学上，巴比伦人已经学会用特殊的名称和记号来表示未知量，并解出了一些含有一个或多个未知量的方程，特别是二次方程，这些都是代数学的开端。在几何学上，毕达哥拉斯后来证明出来的毕达哥拉斯定理，也早已为巴比伦人所认识，并应用到了实际生产生活中。但和埃及人一样，巴比伦人的数学知识也只是观察和经验所得，同样不成体系。

毕达哥拉斯作为战俘被带到两河流域后，成为一名波斯军官的奴隶。据说，他用自己从埃及祭司那里学来的偏方治好了这名军官的瘙痒症，后者因此很慷慨地恢复了他的自由身。按理说他完全可以就此尽快逃离这里，做个自由自在的人了，但是他没有。他非但没有离开，还主动选择留了下来，而留下来的原因是因为他对波斯人的拜火教产生了浓厚兴趣。这个历史悠久的宗教流传着一个理念，他们认为世界上存在着善恶两种势力，它们一直在相互斗争。也许是受到这种宗教教义的影响，毕达哥拉斯后来把奇数和偶数也分别看成是善与恶的代表，认为二者各自具有阳性和阴性的属性。此后，他又利用整数的比例关系研究音乐理论，大概也是出于巴比伦星相学和数学思想的启发了。

再度离乡

毕达哥拉斯在巴比伦生活了几年（有说法认为，这期间他还可能去过印度），决定重返故乡。时光如白驹过隙，十几载的光阴转瞬即逝。岁月可以磨砺一个人的性情，让他由轻狂变得稳重，毫不例外，它也可以把一个人由英姿

古巴比伦人有着丰富的数学知识，并能将其应用于解决实际问题。毕达哥拉斯幸运地恢复自由身后，便为巴比伦人的数学所深深吸引，留在巴比伦研究起数学来。下图为古巴比伦城复原图。

勃发变得两鬓斑白。毕达哥拉斯重回萨摩斯岛之初，岛上的居民对他热情相迎，市政长官也频频殷勤邀请他作公开演说，向广大的民众介绍在东方的奇闻轶事，所有的人都对他的这次旅行抱着极大的好奇心。毕达哥拉斯享受到了前所未有的隆重招待，和他第一次游学归来的感觉简直天壤之别。他很欣喜地看到这种情景，也乐于把自己的所见所闻和学到的知识讲给和传授给自己的家乡人。

↑重返萨摩斯岛的毕达哥拉斯不再是曾经那个不羁的少年，而是具有满腹知识的智者了。

然而好景不长，喜怒无常的岛上居民对毕达哥拉斯的态度又回到了从前。他们很快分离成两个阵营，其中以年轻人为主的一派认为毕达哥拉斯充满智慧，是一个智者；而以长者为主的另一派则认为毕达哥拉斯狂妄自大，不值得学习。在这样的争斗中，终于有一个与毕达哥拉斯同名的孩子喜欢上了解数学题，而且深陷其中，并着了迷。他一开始是瞒着父母，偷偷跑来跟毕达哥拉斯学习数学，后来，在他的努力说服下，他的父母同意他以这位"狂人"为师。这件事给了毕达哥拉斯莫大的鼓舞，他不再顾忌周围人的指手画脚、议论纷纷，立刻着手办起一座"半圆学校"。许多的好学青年冲着他非凡的旅行经历和他在埃及赢得的声望，纷纷前来报名。尽管当地的权贵和商人很不愿见这位老师，但这丝毫阻止不了年轻人对毕达哥拉斯的狂热崇拜。

毕达哥拉斯的半圆学校依山而建，那些开阔的山洞成为他们天然的教室。老师在这里给学生们授业解惑，学生们在此聆听这位良师益友的教导，他们共同徜徉在包括数学在内的知识殿堂。也许，他们根本无需在意别人的说三道四，但是众口铄金，最终毕达哥拉斯还是被流言击中了。

那个时候的希腊各岛小酒馆遍地开花，最害怕孤独的萨摩斯人经常带着自制的鱼干或橄榄三五成群地聚到小酒馆里，一边喝着小酒，一边在那里传播各种途径得来的小道消息。他们不会放过任何一个值得挖掘的议论对象，特立独行的毕达哥拉斯和他的学生们理所当然地成为他们口中的话题之一。从他们居住的山洞,到毕达哥拉斯的提问式教育方式,从毕达哥拉斯教学的内容,到他向学生发表的自己对岛上祭神方式的批评等等,他们绘声绘色地描述着,免不了加上一番他们自己主观臆想的细节或情境。他们出言讥讽,甚至恶毒地咒骂,似乎这些已经远离他们生活的老师和学生的一切都让他们看不顺眼。他们莫名地生气:尤其是那个毕达哥拉斯,他竟然敢说"数就是神",这简直是对神的最大亵渎。毕达哥拉斯最终没能经得住这样的侮辱和攻击,他逐渐妥协,甚至屈服了。他先是被迫把教学内容改为单一的数学,接着学校也关闭了,当时,他的"半圆学校"开办了还不足一年。

公元前530年前后,年过半百的毕达哥拉斯在故乡人施予的种种压力下,再次离开了萨摩斯。或许是因为家乡人让他伤透了心,从此,毕达哥拉斯再也没有踏上这座岛屿。试想一下,如果萨摩斯人看到这个被他们逼迫得不得不离开家乡的人后来取得的成就和威望,他们又该作何感想呢?

离开萨摩斯这块让他抑郁不得志的伤心地,毕达哥拉斯将自己此行的最终目的地定在了爱奥尼亚海对面的意大利。在前往意大利之前,他到得洛斯岛探望了恩师菲尔库德斯。谁能想到呢,当他几年后再返得洛斯岛,却是去见病危中的老师。幸运的是,那次他一直守护在恩师身边,直到恩师离开人世。离开得洛斯岛,毕达哥拉斯接着走访了阿提卡平原东南端的雅典,去了处于地中海上、被誉为爱琴海最南端皇冠的克里特岛,以及位于伯罗奔尼撒半岛东南部的斯巴达人的城邦。

 毕达哥拉斯最终移居意大利半岛的克罗托内,并在那里组织了一个集政治、宗教、数学于一体的秘密团体——毕达哥拉斯学派。

克里特岛是希腊文明最早的发祥地之一,在公元前3000年至前1450年,这里曾诞生过灿烂的米诺斯文明。但是,到毕达哥拉斯的年代,克里特文明已经衰落,雅典和骁勇尚武的斯巴达正在逐渐崛起为希腊势力最强的两个核心城邦。毕达哥拉斯游历了这些地方,又辗转抵达伯罗奔尼撒半岛西北部的伊利斯。毕达哥拉斯到达伊利

斯时，位于伊利斯南境的奥林匹亚正在举行四年一度的奥林匹亚运动竞技大赛。虽然比赛项目并不多，但参赛的运动员来自亚、欧、非各洲。早在公元前884年，伊利斯王就和斯巴达王达成了一项协议，这就是《神圣休战协议》，也正是这个协议奠定了奥林匹克运动的神圣之名。赛会结束后，毕达哥拉斯从奥林匹亚搭船，向西横渡爱奥尼亚海，到达了位于亚平宁半岛最南端的意大利城邦克罗托内。这座城市曾以盛产奥运冠军扬名四邻八方，所以也有人猜测，没准儿毕达哥拉斯就是和那些得胜而归的冠军选手乘坐同一条船而来的。

⬆ 按照当时的风俗，妇女是被禁止出席公开会议的，毕达哥拉斯打破了这个成规，允许她们也来听讲。其中就有后来成为他妻子的西雅娜。

在克罗托内，才华横溢、见多识广的毕达哥拉斯很快就赢得了人们的认同，他受到了人们的隆重欢迎，当地的执政长官也盛情邀请他向当地民众发表演讲。这一次他大获成功，结局和他重返萨摩斯岛时的情景截然不同，他征服了那些挑剔的权贵和苛责的年长市民。当时的意大利南方各邦，诸神中人们最崇敬的当属酒神狄奥尼索斯。他是古希腊色雷斯人信奉的葡萄酒之神，与后来罗马人信奉的巴克斯是同一位神祇。这里的人们喜欢饮酒狂欢和纵情歌舞，所有的嫉妒之心大概也尽在这种方式的宣泄下荡然无存，因此他们对毕达哥拉斯的到来表达了热烈之情。而经历了萨摩斯岛上的一番经验教训，毕达哥拉斯自己也变得成熟稳重了很多。他的谈吐变得内敛，言语中无不流露出有着良好教养、高贵典雅的气质，他的一举一动也和从前大不相同，愈发显得出尘脱俗，似乎已很有大师的风范。

据说，毕达哥拉斯大批的拥戴者中，有一个人看中了他的才华，聘请他作为家庭教师，教授自己的女儿西雅娜学习。年轻美丽的西雅娜热爱老师的博学，在日复一日的朝夕相处中，她对老师的崇敬和仰慕逐渐升华成了爱恋，可惜老师对她的心思无动于衷。有一天，聪明的西雅娜向毕达哥拉斯倾诉了自己心中的小秘密，声称自己爱上了一个人。毕达哥拉斯鼓励她追求自己的爱情，西雅娜借机向他表白了自己的心意。毕达哥拉斯这才领悟过来，其实他自己也早已对西雅娜一见倾心，最终他们结合了，并且生育了一双儿女。幸福的生活让毕达哥拉斯有了安定下来的决心，公元前529年前后，他们在意大利定居。

创立毕达哥拉斯学派

出于在当地的声望，毕达哥拉斯也积极参与到当地城市的建设事务当中。他先是建议市政府为希腊神话中的文化女神缪斯修筑了神庙，接着在郊外办起了一所被称为"城中之城"的社团（也可能是学校）。就是在这个社团的基础之上，他建立了后来的毕达哥拉斯同盟。据说，这个同盟在鼎盛时期曾在意大利半岛南部，古希腊的众多殖民城邦都建立了自己的活动据点。

▲毕达哥拉斯和他的学生

许多人冲着毕达哥拉斯之名加入了这个社团。毕达哥拉斯把社团成员分成两类：一类人大多有着较高的天赋，他们共同过着公社生活，财产一律充公；另一类成员则保留着自己的私人财产，可以和其他成员交流思想，其身份相当于学校里的旁听生。但是这种分法时隔不久，又根据工作性质重新进行了区分。比如，他把负责学校内部管理事务的成员归为一类，并为此创造了一个词，这个词后来成为"政治家"一词的来源。他还为专门从事几何学、天文学研究的这部分成员创造了另一个词，这个词成为希腊语"数学家"一词的原形。

毕达哥拉斯学派的主要贡献在于数学，但是同时它也融入了许多原始教派的神秘主义。他们的生活简朴而有规律，据说每天日出前就起床学习，先用冷水洗浴，然后穿上洁净的白衣，最后还要举行一个歌颂黎明的仪式。

毕达哥拉斯成为了他的社团的领袖，他要负责制定社团里的规章制度，同时还负责社团的宣传以及招生。古希腊人对智慧怀着高度的敬仰之情，当时有许多富家子弟和名门之后慕名而来，毕达哥拉斯的社团根本不用为生源担心。但即使这样，也不是所有想要加入其中的人都能够顺利入学，因为他

↑毕达哥拉斯的成就除了数学之外，他还首创了素食的先河。这幅《毕达哥拉斯提倡素食主义》的画作，描绘了毕达哥拉斯正向围绕着他的人们讲述、宣扬他的素食理想："大自然为人类提供了丰富的食物，人们不应该用流血与屠杀再弄脏他们的身体。"

们还得经过一个为期 5 年的观察期。在此期间，他们只能站在帐外听讲，不得发言或提问。

可能也正是因为这一点，当今的科学史学界对毕达哥拉斯究竟给他的学生们传授了哪些内容、他亲自教授的学生又是什么身份、出身如何等等，充满了好奇，这些问题同样成为人们争论的焦点。他们据此推断，毕达哥拉斯很可能只是教授了弟子中具有核心身份的几人。至于毕达哥拉斯的学说，其中有哪些是他自己创造的，有哪些又是源自他的追随者，当前还难以确定。但这些并不重要，因为毕达哥拉斯的衷心追随者即那些毕达哥拉斯学派的成员们，他们乐于把自己的发现和创造归结为这位导师的功劳。

毕达哥拉斯学派发展到后来也称"南意大利学派"，成为一个集政治、学术、宗教三位于一体，有着神秘仪式和严格戒律的宗教性学派组织。他们研究哲学、数学和所有的自然科学，毕达哥拉斯本人甚至还为这个学派制定了一系列戒律，试图以此构建一个他所想象和憧憬的唯美并且神秘的世外桃源。比如，他们不吃豆子，不碰触白公鸡，不穿动物皮毛制成的衣服等。他们推崇慷慨共享，这不仅仅被用于财物上，连数学领域的发现也被视为大家共同的功劳。他们招收学员的要求非常严格，每个学员除了要在学术上达到一定水平，除了要经历上述的观察期，在加入组织时还得经历一系列神秘的仪式，以求"心灵得以净化"。被正式接纳后，他们还要遵守诸多规范和戒律，要求宣誓对社团里的秘密和学说永远守口如瓶，不能对外泄露只字片言。为了强调男女平等，他们打破了当时的禁忌，公开招收女学员，向女性传授知识，这在当时可谓是一个进步。

毕达哥拉斯学派的成员们大都出身贵族，有着共同的哲学信仰和政治梦想。他们吃简单的食物，接受严格的训练，服从学派鼓励人们自制、节欲、纯洁、顺从的教义。在

数学理念上,他们相信数是万物的本原,相信数学可以使灵魂升华,认为事物的性质都由某种数量关系所决定,万事万物都按照一定的数量比例构成现实中的和谐秩序,上帝通过数来统治宇宙,这是他们与其他学派的主要区别。

毕达哥拉斯学派的活动一直持续了二百余年,一开始他们在意大利南部一带赢得了很高的声誉,影响甚广。也正因如此,他们招来了敌对派的仇视。公元前6世纪末,因受到反对,毕达哥拉斯及其追随者被迫开始了流亡生涯。公元前5世纪中期,同盟被迫解散,但一些执著者仍然坚持该派的活动,一直将其延续到公元前4世纪。目前,学术界一般将毕达哥拉斯在世时的学派称做前期毕达哥拉斯派,而后期毕达哥拉斯派则大体被分为两个支派:一派继续遵循毕达哥拉斯的神秘主义和戒律,另一派则致力于数学、天文学、医学等领域的研究。而通常把公元前3世纪至前1世纪流行于古罗马的毕达哥拉斯学派,称为新毕达哥拉斯学派。

"万物皆数"

毕达哥拉斯学派认为数是万物的本原,事物的性质是由某种数量关系决定的,万物皆按照一定的数量比例而构成和谐的秩序。

公元前6世纪,当东方的孔子在华夏大地向他的三千弟子宣讲"仁爱"礼义时,在意大利半岛南端的克罗内托城,毕达哥拉斯正在将他"万物皆数"的哲学观解释给自己的学生们听,并一再强调几何与算术的重要性。

毕达哥拉斯年轻时曾因为口出狂言"数即是神"而被视为异类,以致被逐出家乡,但后来他仍然把自己的数学理念融合并上升到自己的哲学观中。有一种说法认为,当年的埃及和巴比伦之行很可能是促成他渴望研究数学并使其宣称"万物皆数"的动因。除此之外,也许还会有别的原因。然而,无论出于何故,有一点是毫无疑问的,那就是毕达哥拉斯及其追随者对数字的热衷非比寻常,而且他们还建立了一套完整的数字理论,让我们一起来看看他们的理论发现吧!

首先是数字与音乐的和谐之音。毕达哥拉斯学派提出了"美是和谐"的观点,认为音乐的和谐之音

↑ 意大利画家拉斐尔油画《雅典学园》中的毕达哥拉斯。毕达哥拉斯正坐在地上专注地书写着，一名少年在旁边为他扶着木牌，牌上写的是"和谐"的数目比例图，在他背后一个老人正在记录毕达哥拉斯的论据数。

是由高低、长短、轻重皆不同的音调按照一定的数量比例组成的。"音乐是对立因素的和谐的统一"，这被认为是古希腊艺术辩证法思想的萌芽，也包含着艺术中"寓整齐于变化"的普遍原则。

在毕达哥拉斯学派看来，音乐是一种能使灵魂得以净化从而达到解脱的手段，这与对几何形式和数字关系的沉思使精神得以解脱殊途同归。音乐作为人类艺术宝库中的重要组成部分，各个民族都对其有着自己独特的领悟和见解。毕达哥拉斯学派的成员在研究音乐时就发现了一个特殊的规律，他们注意到排箫或笛子等乐器的音阶的音符和振动弹簧的长度间存在有某种数学关系。如特定长度的气柱或弹簧可以发出某个音，若长度减到一半，则发出高八度的音。长度比为 2∶3 时，则发出高五度的音，比率为 3∶4 则发出高四度的音。毕达哥拉斯据此进行了实践和计算，推测认为，八度音及五度音是和谐音，12、8、6 是"调和级数"。他认为这是很重要的，并把这个思路推广到几何学中。例如，他声称立方体是几何学意义上的和谐体，因为它有 6 个面、8 个角和 12 条边。

毕达哥拉斯学派的第二个理论与直角三角形有关。有说法认为，著名的毕达哥拉斯定理可能在毕达哥拉斯本人发现并证明出来之前，就已经为他所熟知了，而这点与他在埃及、巴比伦的经历有关，但事实是巴比伦人或许是知道这些数可以是 3、4、5 或者 6、8、10，或者任何其他 3 个能够这样组合的数，知道其中最大的数的平方是另外两个数各自平方之和。但他们并未给出一个无懈可击的证明和系统的理论，而毕达哥拉斯在公元前 500 年前后将他的发现推而广之，这被认为是一次非同寻常的进步。

似乎每一个执著理想的学者，都有着异于常人的耐性和对世界的好奇心，比如毕达哥拉斯。据说，当他发现并证明出以他名字命名的这个定理时，也有不少趣闻，其中一个故事说这件事发生在他的朋友家。

有一天，毕达哥拉斯应邀去做客。在主人忙于应付别

的客人无暇顾及他时，这位习惯观察思考的人，突然对朋友家地面上一块块漂亮的正方形大理石产生了兴趣。他再没心思听别人的闲聊了，惯性使他开始陷入沉思。脚下这些排列有序、大小如一的大理石，它们彼此间又有怎样的关于数的关系呢？一个个疑问在他的脑海里浮现出来。

他越想越兴奋，完全沉浸到自己的思考中，后来索性蹲到地上，拿出笔尺。他在4块大理石拼成的大正方形上，以每块大理石的对角线为边，画出一个新的正方形，发现这个正方形的面积正好等于2块大理石的面积。接下来，他又以2块大理石组成的矩形对角线为边，画成一个更大的正方形，而这个正方形正好等于5块大理石的面积。他耐心而细致地进行了反复演算，并根据自己的计算结果得出一个结论：直角三角形斜边的平方等于两条直角边的平方和。著名的毕达哥拉斯定理就这样产生了，他兴奋地跑回家，一把拥抱住自己的妻子西雅娜，欢呼道："我终于发现了！"据说，为了庆贺自己的发现，毕达哥拉斯甚至杀了100头牛来祭祀庙宇里的神像。于是，我们熟知的毕达哥拉斯定理又有了另一个名称"百牛定理"。

据说，在这次祭会上，毕达哥拉斯还发表了演讲，向人们描绘了一幅画面：数可以产生点，点可以产生线，线可以产生出平面图形，平面图形产生出立体图形，立体图形使人感觉到了一切物体。基于此，他又提出了水、火、土、空气是世界组成元素的观点。这四种元素以各种不同的方式相互转化，更进一步创造出有生命的、有灵魂的、球形的世界。所以，他认为，认识世界就是要认识支配世界的数。

在毕达哥拉斯定理之外，这位伟大的学者还发现，三角形的三个内角之和等于两个直角之和。他同时还证明出"平面可以用正三角形、正四边形或正六边形填满"，后来的镶嵌几何学在此基础上得出进一步的结论：除了上述情况，平面不可能用其他正多边形来填满。

在毕达哥拉斯的时代，他以及他的学派和所有其他希

毕达哥拉斯用数学观点研究音乐，并阐明了单弦的乐音与弦长的关系，从而为现代音乐理论奠定了基础。他关于旋律、节奏、调工的演说和对音响学的论证对音乐科学的发展起了很大的推动作用。

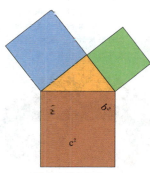

毕达哥拉斯定理

↑毕达哥拉斯在向人们演示他的证明。

↑毕达哥拉斯树是由毕达哥拉斯根据勾股定理所画出来的一个可以无限重复的图形。又因为重复数次后的形状好似一棵树，所以被称为毕达哥拉斯树。

腊人一样，对事物形状怀有一种固有的感情，这导致了他们对"形数"，即通过图案在计算中得到的数产生极大的兴趣。他们因此发现了"完全"的数，即一些自身等于不同因数之和的数。例如 6（因为 6=1+2+3）、28（1+2+4+7+14），等等，这些数被毕达哥拉斯学派的信徒们所推崇。"亲和数链"也是他们的一大发现成果。所谓"亲和数"即两个数分别是对方因数之和的一对数。例如，220 和 284 是亲和的（因为 284 的因子是 1、2、4、71、142，它们加起来的和等于 220，而 220 的因子是 1、2、4、5、10、11、20、22、44、55、110，其和等于 284）。令人惊叹的是，直到两千多年后，第二对亲和数（17926，18416）才由法国数论学家费尔马找到，他的同胞、数学家兼哲学家笛卡尔则找到了第三对。在电子计算机问世以前，第二小的一对亲和数（1184，1210）则是由 19 世纪后期一位 16 岁的意大利少年帕格尼尼找到的。

这种对数的神化也影响到了毕达哥拉斯学派对天文现象的认识。他们认为天体的运行也遵循着一种数的和谐，即各类天体环绕地球所需的时间之间也有某种固定的数字关系。但令人费解的是，这种对数的无上崇拜并没有多少纯实用层面的意义，充其量它向世人展示了毕达哥拉斯学派成员在发展算术和处理数值量方面的卓越能力。由于毕达哥拉斯学派的思想在根本上是神秘主义的，他们给数字及其关系赋予了绝对的甚至神圣的地位。也许就像有的哲学家所声称的那样，数学是一门比其他任何知识形式更为纯粹的学科。尽管如此，今天科学家们却是把它作为一种强大而又灵活的工具，用来说明并预测各种自然现象。而事实似乎也表明，数学正通过这种方式来证明它本身所具有的真正价值。

爱智慧的人

在现代西方主要语言里，"数学"一词来源于古希腊语 Mathema。在毕达哥拉斯之前，这个词代表的是"可以学到的知识"，但是毕达哥拉斯时代，它被赋予了"数学"的涵义。不过这仅限于毕达哥拉斯本人及其学派的"自然数的学问"，相当于算术。而"数学"的现代意义可能出现在文艺复兴以后。

毕达哥拉斯数的世界，是一个整数世界，只有自然数。他甚至对 10 以内的数都赋予了某种特殊意义，比如，1 是一切数的源泉，是阳性中的至高者——阿波罗；2 是众神之母；3 代表了三维，后来被基督教用来表示三位一体；4 象征着一年四季和人的四大能力——智性、知识、判断和感觉；6 不仅完美，且是神灵的数；10 是前 4 个数之和，完美又神圣等。也许，在毕达哥拉斯看来，关于数的一切理念都应该是完美的，包括音乐，甚至宇宙中的星体。

在毕达哥拉斯的整数世界里，宇宙间的各种关系都可以用整数或整数之比来表达，这一观点被毕达哥拉斯学派奉为神明。据说，毕达哥拉斯有一个学生叫希帕索斯，他在研究正方形时，发现对角线的长，既不是整数，也非有理数，不能用整数或整数比来表示，而是一个无限不循环的小数。希帕索斯的这一惊人发现，直接导致了数学史上第一个无理数 $\sqrt{2}$ 的诞生。但与此同时，它也极大动摇了毕达哥拉斯学派的信条——"宇宙间的一切都能归结为整数或整数之比"，引起该学派的大恐慌。而后来，天真的希帕索斯还在与别人的一次争执中无意透露了他的新发现，结果遭到了被投向大海，葬身鱼腹的厄运。毕达哥拉斯学派竟然发现了新数，这个惊天奇闻很快引起了所谓"数学史上的第一次危机"。

无论上述传说是真是假，毕达哥拉斯的数学理念对后世产生了深刻影响，这一点是毋庸置疑的。特别是自文艺

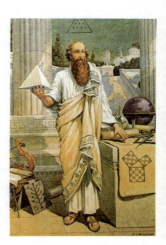
🔺 毕达哥拉斯和他的成就

复兴以来，欧洲对希腊文明的推崇与复兴，使毕达哥拉斯的数学和哲学观点得到广泛传播。黄金分割、和谐比例说被应用于美学，毕达哥拉斯甚至被很多人文主义者推崇为（包括数学在内的）"精密科学之父"。而他从数学的角度出发去解释世界，这一点更是从总体上确立了自然科学的发展方向，影响了后世的科学家。受他影响或是宣称自己为毕达哥拉斯学派的科学家、学者不胜枚举，如哥白尼、伽利略、莱布尼茨等。

↑以毕达哥拉斯图像为题材的罗马硬币

有人说，毕达哥拉斯一生做了两件事：从事神职工作和兴办学校。和与他几乎同时代的孔子一样，毕达哥拉斯一生也致力于传道授业。从这点来看，也许他不是一个纯粹的数学家，传说他是一个非常优秀的老师。有一次，他遇到一位非常努力用功的穷人，他想教对方学习几何，于是就跟人家说："如果你愿意跟我学习一个定理，我就赠给你一枚钱币。"看在钱的份上，乐不可支的穷人痛快地答应了他。学生进步飞快，过了一个学期，他对几何产生了强烈的兴趣，反过来要求毕达哥拉斯教快一些，还建议：如果老师多教一个定理，他就给老师一个钱币。结果毕达哥拉斯没用多长时间，又把之前他给学生的钱全部收回了。

哲学家一词的最初含义是指"爱智慧的人"，哲学就是"追求智慧的学问"，而赋予这两个词这种含义的第一人正是毕达哥拉斯。据说，有一次，毕达哥拉斯同弗琉斯的统治者雷翁谈话。雷翁对他的才学和雄辩之风大力盛赞，并询问他的技艺是什么。毕达哥拉斯回答说："我没有什么技艺，只是一个爱智慧的人（哲学家）。"

对于他的"爱智慧的人"，毕达哥拉斯曾有这样一个著名的比喻。他说：在现实生活里有三种人，正像到奥林匹

克运动会上来的也有三种人一样。最高等的一类是那些只观看比赛的人们，次之的是那些来为比赛而比赛、夺取桂冠的人，最低等的是那些来做买卖的人。同样，在现实生活中，有些人沉沦于功名禄位，有些人则沦为金钱的奴隶，这其中仅有少数人作出了最好的选择，他们将自己的精力和时间用来思考自然，从事科学研究。最后，他们成为爱智慧的人，这就是哲学家。

毕达哥拉斯一生追求智慧，实践着自己作为哲学家、数学家的理想，但最终却倒在了政治倾轧和别人的妒忌之下。他的死因据说是因为他涉及并参与了一些政治活动，也有说法认为他是因为拒绝一位权贵加入自己的团体而遭到迫害。公元前 500 年左右的一天，毕达哥拉斯和他的弟子在一次讲学中，被一伙别有用心之徒放火焚烧了他们讲学的房子。他在弟子们的搀扶下逃出火海，却在逃跑的途中经过一块豆田。毕达哥拉斯的脚步停下了，他宁愿被逮住打死也不愿践踏这片田地。因为在他们的戒律里有那么一条，豆子是神圣之物，他们不能食之，自然更不能践踏。后来，他被追上来的人打死了。不过，另外还有说法认为，他侥幸逃到了意大利南部塔兰托湾的梅泰彭西，在那里禁食 40 天后死于缪斯神庙。

毕达哥拉斯雕像

毕达哥拉斯去世大约 50 年以后，沿南部意大利海岸所有的希腊城市发生了一系列激烈的民主革命，毕达哥拉斯学派受到攻击，他们的会议场所被焚毁，许多成员被迫逃散。他们有的往东北逃到塔兰托，有的去往希腊大陆。那些在塔兰托的毕达哥拉斯学派成员，仍然坚持着他们的活动，并一直持续到公元前 350 年前后。

大 事 年 表

公元前 580 年	毕达哥拉斯出生在萨摩斯岛上(一说是公元前 560 年)。
公元前 560 年	前往米利都求学,拜访泰勒斯遭到婉拒。后转道得洛斯,向菲尔库德斯学习诗歌、文学等。
公元前 550 年	回到萨摩斯岛。不久,因怪异的装束和不羁的言行举止,受到当地人的排斥,随后前往埃及等地游历。
公元前 550 年	在此后的十余年间,游历了埃及、巴比伦等地,学习当地文字、数学等知识,增长不少见闻,后重回萨摩斯岛。
公元前 530 年	在萨摩斯岛创立"半圆学校",招收门徒,讲课授学,宣传个人言论。后迫于当地压力,再次离开萨摩斯岛,前往意大利。此后,再未回到过家乡。
公元前 529 年	在意大利克罗内托结婚,在此定居下来。
公元前 529 年	在意大利克罗内托创立毕达哥拉斯社团。此后时间里,致力于哲学、教育等领域的研究与活动,并积身参与到当地城市建设的事务当中。
公元前 500 年	从公元前 529 年之后到这一时期,发现并证明出毕达哥拉斯定理,提出"万物皆数"等理念。在他的思想领导下,毕达哥拉斯学派形成了自己一套完整的数字理论。
公元前 500 年	因政治斗争波及受到打压,出逃克罗托内,后在梅泰彭西逝世。

欧几里得

　　比毕达哥拉斯晚出生大约 250
年的欧几里得，被认为是古希腊的
"几何之父"。有人说，或许我们不
知道生活在两千多年前的欧几里得一生著述几何，
但他留给世人的一部巨著和两句话却成为了永垂不
朽的经典。这部巨著就是在人类数学史上流芳一古，
至今仍然被奉为几何学基础教科书的《几何原本》。
这部穷尽他毕生心血的鸿篇巨著为他带来了诸多盛
名和荣耀。但就是这样一位学识渊博的数学家，同
时还是一位有着"仁慈的和蔼长者"之称的教育家。
他教书育人的思想和他的数学著作一样，为后世人
们所敬仰和推崇。

"测量土地技术"的学问

提到欧几里得和他的《几何原本》,也许我们得先了解一下"几何学"本身。"几何"一词在中文里原先并不是一个数学领域的专有名词,当这两个字放在一起,中国的古人赋予了它"多少"的意思。对这个意义的了解,我们最熟悉的莫过于三国时的曹操在他那首著名的《短歌行》里写的一句诗:"对酒当歌,人生几何?"

↑徐光启的《几何原本》译本。

在我国古代,几何学这门数学分支学科并不叫"几何",而称为"形学"。在欧几里得时期的希腊语中,几何学的涵义也并不像今天这么专业和广泛,它指的是"测量土地方面的相关技术"。17世纪初,中国明朝学者徐光启(1562—1633)和意大利传教士利玛窦一起通力合作,花费两年左右时间成功将欧几里得《几何原本》前6卷翻译成中文。

当时的《几何原本》无论是它的希腊文名还是英文名,名字本身都没有中文"几何"的意思。为了把几何的外语原文恰到好处地翻译过来,为了给这部译著取一个理想的名字,徐光启花费了一番脑子。后来他想起了中文"几何"一词,觉得这个词与几何学拉丁语名词根"Geo"不仅读音相近,而且意义也最为贴切,于是建议把书名译成《几何原本》,这个译法获得了利玛窦的高度赞同。虽然当时徐光启所使用的"几何"一词,代表的仍然是中国古代汉语里的"几何"之意,即表示"数量的多少"和"度量的大小",仅指"数学"而言,但"几何学"这个词却一直被沿用到今天,并且传播到日本等中国周边国家和地区,影响极其深远。

几何学的诞生和人类的生产实践活动密切相关。原始社会时期,人类在生产和生活中逐渐积累了许多有关物体的形状、大小和相互之间位置关系的知识,比如,古代的人们已经认识到,记住猎物的形状、大小以及从他们的居住地到打猎地之间的距离,甚至打猎地在居住地周边所处的方位等此类事情,对他们自身的生存有着至关重要的意义,他们有意识地记下这些东西。随着时间的推移和人类社会的不断发展,人们对物体形状、大小和相互间位置关系的认识日益丰富,并且把这些对世界的基本认识上升为人类自己的几何学知识。

人类的几何学知识,最早可以追溯到公元前三千多年前的几大文明古国,诸如古埃及、古印度、古巴比伦等。"几何"一词最早来源于希腊语,这是一个由代表"土地"的词和代表"测量"的词共同组成的合成词,意指土地的测量,即测地术。后来这个词拉丁语化为"geometria",以后逐渐发展成为现今通用的英文名称"Geometry"。

▲ 埃及的"司绳"

公元前 5 世纪希腊历史学家希罗多德说:"几何学的研究始于埃及",当然,这是希罗多德的一家之言。但他的另一观点,他认为社会生产的需要是促成几何学产生的动因,却是一个很客观的说法。尼罗河流域每年定期的洪水泛滥,常常淹没两岸的土地。为了恢复被洪水摧毁的地界,以便确定按照耕地多少来征收的税金,一种能够快速而又精确丈量土地的技术应运而生,这可能也成为了埃及人发展几何学的动力。这些早期的土地测量员——某种程度上或许也可称他们为数学家——使用一种可以围成三角形的绳子,也称"司绳",作为他们的主要测量工具之一。埃及人的这些测量方法简便易行,在类似的实践活动基础上,他们很快就发展出了简单的度量几何学,其所涉及的内容主要包括他们在测量中所涉及的方法和概念。埃及人的这些知识传播开后,对他们邻近的希腊人产生了重要影响。

◆ 古巴比伦人有着丰富的数学知识,科学家从发掘出来的楔形文字泥板证明了这一点。下图为记录有古巴比伦人数学知识的泥板。

早期的几何学是当时的人们在生产和生活实践中积累的关于长度、角度、面积和体积等的经验知识。限于当时的科技和生产技术水平,他们没能把这些宝贵经验升华成系统的理论知识,但却在测绘、建筑、天文和各种工艺制作等实际

世
界
大
数
学
家
成
功
故
事

的生产生活活动中发挥得淋漓尽致，使这些知识得到了近乎完美的应用。如果仅从这个层面来讲，我们或许是要对古人发出由衷的赞叹。

几何学发展到当代，已经成为一门专门研究空间结构及其性质的学科，它是数学大家族中最基本的成员之一，与分析学、代数等具有同等重要的地位，它们联系紧密，相互贯通。自从人类有了文字，我们的文明史经历了漫漫五千余年的时间，人类共同的知识宝库里积累了从混沌初开到今天的巨大财富。在这座浩如烟海的知识殿堂里，各门各类的学科灿若群星，可要真称得上源远流长老字辈的，几何学或许得算一个。而这样一门古老学科的奠基人，就是我们今天故事的主角——古希腊著名数学家欧几里得。

前辈们的建树

欧几里得出生在公元前 330 年前后的雅典，在他生活的那个年代，西方数学的研究中心正经历着从希腊的雅典向埃及的亚历山大转移的历史时期。

↑在欧几里得以前，人们已经积累了许多几何学的知识，然而这些知识缺乏系统性。欧几里得的《几何原本》第一次实现了几何学知识的系统化、条理化，并且开辟了几何学研究的新领域。

每一种文化的兴起和繁荣都紧紧跟随着经济与科技文明前进的脚步，古希腊数学文化的蓬勃发展也与它自身社会、经济和科技的进步密切相关。经历了古巴比伦人和古埃及人长期积累数学知识的数学萌芽时期以后，古希腊人迎来了自己的数学时代。历史赋予他们一项重要使命，他们要担负起把数学引领到一个崭新高度的重任。

公元前 8 世纪前后，包括希腊半岛、爱琴海诸岛和小亚细亚西部沿海地带在内的古希腊进入到了奴隶制社会的初级阶段。靠着便利的海上交通和适宜的气候条件，希腊的农业、手工业和航海业得到了空前规模的发展，社会政治、经济和科学技术大步并进，一个又一个的奴隶制城邦接连形成。这些城邦没有形成统一的国家，却有着相似的文化、宗教和风土人情。伴随着频繁的海上贸易，希腊与海外各地的商业联系不断得以加强，这为希腊接触和吸收东方的优秀文化提供了契机。从公元前 6 世纪起，雅典开始崛起为希腊的经济、政治和文化中心，古希腊随之迎

古代雅典是一
个强大的城邦,许
多哲学家、政治家
和文学家都在雅
典诞生或居住过,
雅典也因此被称
做"西方文明的摇
篮"和民主的起源
地。左图为雅典
卫城遗迹。

来了欧洲文化的第一个高峰时期,数学也成为这个时期一
朵灿然绽放的奇葩,并涌现出了众多成就卓著的数学家。

　　现在的科学发展史通常按照希腊数学研究中心转移
过程,将希腊开创的初等数学时期划分为两个阶段。第一
阶段是希腊的早期数学,即古典时期的希腊数学,大约在
公元前 6 世纪至公元前 3 世纪,相当于中国的春秋战国时
期;第二阶段被称为后希腊时期的数学,即亚历山大港时
期的希腊数学,大约在公元前 3 世纪至公元 6 世纪,相当
于战国到隋。

　　西方几何学被认为兴起于埃及,而希腊数学也是以几
何为先锋走在当时世界的前列,并形成了自己的一套完整
理论体系。希腊的几何学据说是经由泰勒斯自埃及首先
引入了爱奥尼亚,此后,他所在的米利都即成为希腊的数
学文化中心。希波战争期间,中心又迁移至意大利南部的
伊利亚,这里有毕达哥拉斯学派成员巴门尼德创立的伊利
亚学派,其代表人物有巴门尼德本人以及他的学生芝诺,
这对师徒堪称希腊前苏格拉底时代最智慧的人。希波战
争后,雅典成为希腊的文化和学术中心,涌现出诸多学术
团体,其中最著名的当属柏拉图学派。由于柏拉图在雅典
建立了一个学园,故也称学园派,据说欧几里得就曾受过
这个学派的教育。

　　公元前 352 年前后,马其顿王腓力二世击败了雅典,他
的儿子亚历山大大帝(前 356—前 323)建立了空前庞大的
亚历山大帝国。虽然马其顿人并非真正的希腊人,但他们
却深深为希腊文明所折服,这无形中对希腊文明的传播和
后续发展提供了条件,从而开启了希腊数学的第二个黄金
时期。亚历山大死后,他的庞大帝国分裂成三部分,其中

古希腊哲学家巴门尼德,
苏格拉底前哲学家中最有
代表性的人物之一。

⬆公元前 387 年柏拉图在雅典建立一所学园用来讲学授徒,这是欧洲历史上第一所集高等教育与学术研究为一体的"学院"。这所学园曾延续达 900 年之久,直至公元 529 年才被迫关闭。

埃及部分由执政者托勒密(前 323—前 285)统治。亚历山大曾经在埃及地中海沿岸建立了一座以他自己名字命名的亚历山大港城,作为大帝国的首都,它成为当时最繁华的城市。托勒密原本是亚历山大的一位将军,他对希腊文化的敬仰之情同样深厚,并决心将亚历山大港打造成另一个雅典。他建立了一个学术中心和一座藏书达 75 万册的图书馆,这些举措吸引了不少希腊本土学者的到来,欧几里得就是其中之一。与古典时期数学思想偏重抽象理论而忽略实际应用的情况有所不同,亚历山大时期的数学家不仅重视理论,而且更加重视理论在实际中的应用。

古希腊人在数学上取得的辉煌成就为数学甚至是后来所有自然科学的发展奠定了思想理论基石;他们在几何学方面的一些推理和结论,更为几何学这门数学分支学科的发展铺就了道路,为几何学科的理论大厦准备了充足、坚实的建筑材料。正是在他们其中一些人的成就之上,欧几里得完成了几何学基础理论大厦的建筑,并留下了那部传世之作。

在这些留名或者未留名的学者当中,有几位我们熟知的人物不得不提,米利都的泰勒斯(约前 624—前 546)是其中之一。泰勒斯被认为是古希腊的第一个著名数学家,他所创立的爱奥尼亚学派被认为是古希腊最早开始研究几何学的团体。公元前 6 世纪上半叶,泰勒斯因为商业活动前往巴比伦和埃及,在那里学到了许多数学知识。回到希腊后,他在家乡米利都创立了爱奥尼亚学派,相传几何学上的证明推理就是由他开创的。

泰勒斯在世时曾受到一位年轻人的拜访,年轻人想要拜他为师,被他婉拒,这个年轻人就是毕达哥拉斯。毕达哥拉斯和他创立的毕达哥拉斯学派后来成为继爱奥尼亚学派之后,推动希腊数学发展的主要力量。在他们的不懈努力中,希腊的数学成就日臻完善。

进入公元前 6 世纪末,强大的波斯人侵入希腊,爱奥尼亚各城邦遭受厄运,米利都也未能逃脱。不甘被奴役的爱奥尼亚人奋起反抗,发动起义,他们派出使者向雅典、斯巴达等城邦求救。斯巴达人拒绝了他们,但是雅典人向他们伸出了援手。起义持续到了第 6 个年头,大约公元前 495 年,波斯人与希腊人在米利都附近海域进行了一场决定胜负的海战。结果,希腊人战败,米利都被攻陷并遭到屠城。这座曾经繁荣富庶的城市几近被毁,城里绝大多数的男人被杀,只剩下少数的妇女和儿童。在这种形势下,泰勒斯的爱奥尼亚学派被迫停止了活动,随后登上希腊数学历史舞台的是毕达哥拉斯及他的毕达哥拉斯学派。虽然他们也曾辉煌一时,成就斐然,但由于他们在政治上倾向于贵族制,随后在希腊民主力量高涨时受到冲击并逐渐瓦解,毕达哥拉斯本人也因此遇难。

持续不断的希波战争前后进行了近半个多世纪,最终以希腊获胜而结束。在这场旷日持久的战争中,带领希腊对抗入侵者、始终不曾向波斯人屈服的雅典人,最终确立了雅典在希腊新的政治、经济和文化中心的地位。围绕着雅典,爱琴海沿岸的各个城邦重新振作,希腊文化也随之走向繁荣,出现了与几乎同一时期的中国春秋末战国初百家争鸣相似的繁盛局面。

当时的雅典经济文化发达,民主氛围浓厚,学术言论自由,因此吸引了四面八方的优秀学者慕名而来,各种流派如雨后春笋纷纷成立,希腊文明进入到前所未有的鼎盛时期。历史、

希波战争是古代波斯帝国为了扩张版图而入侵希腊的战争,这次战争对东西方经济与文化的影响远大于战争本身。希腊的胜利,使得希腊文明得以保存并发扬光大,成为日后西方文明的基础。下图为描绘希波战争的绘画——《温泉关战役》。

在柏拉图学院，数学学科颇受重视，因为柏拉图本人认为数学是锻炼思维的最佳途径，其严密的逻辑推理要求人们极度专注、机敏和谨慎。为此希腊学园培养了许多颇有才华的数学家，其中就有欧多克索斯。上图为柏拉图和他的学生。

艺术、数学、哲学等文化领域著作和思想格言层出不穷，苏格拉底、柏拉图等一个个闪耀的名字相继诞生。他们未必在数学领域成就卓著，但他们对数学的热诚，他们的哲学思想却深深地影响了后来人在数学领域的探索之路，这些后来人中就包括了欧几里得。

如果说苏格拉底和柏拉图是以哲学家的身份、以哲学的高瞻远瞩对希腊的数学产生了深远影响，那么出生于小亚细亚尼达斯的欧多克索斯（约前408—前355)，则可算是一位兢兢业业、术业专攻的数学家了。他被认为是这一时期最伟大的数学家，欧几里得在编纂他的《几何原本》还曾将他的部分研究成果收录其中。被公认为世界古代史上最伟大的哲学家和科学家的亚里士多德（前384—前322)，是这一时期另一位著名学者，他恐怕是柏拉图学园最著名的高材生了。亚里士多德在这座学园度过了大约20年的光阴，既是柏拉图的学生也是他的同事。关于他的老师柏拉图与数学的逸闻趣事，最著名的应该是那块悬挂在柏拉图学园门口，上书有"不懂几何者不得入内！"字样的木牌子。我们从这个故事里不难看出柏拉图在哲学之外，对数学独有的偏爱，但他的学生亚里士多德似乎有些不同，他在生物和物理方面表现出的兴趣好像更多一些。然而，亚里士多德毕竟在雅典学园学习多年，如果说一点不受柏拉图数学思想的影响，好像也是不太可能的。

亚里士多德是第一个将数学推理规范化和系统化的人，这被认为是他在数学领域作出的最重要的贡献。他提出了数学思想最基本的两个原理："矛盾律"和"排他律"。前者具体表述为"一个命题不能既是真的又是假的"；后者表述为"一个命题要么是真的，要么是假的，两者必居其一"，这两条原理早已成为数学证明，特别是几何证明的核心。在哲学领域，亚里士多德最大的贡献在于创立了形式逻辑学，尤其是俗称"三段论"的逻辑体系，这也成为他个人跨越多个学科领域，构筑他的学术理论体系的整体框架。形式逻辑被后人奉为推理演绎的典范。也许不难相信，当时的欧几里得也必定深受启发，从而将这一思想与他的几何学方法论融会贯通，构成了欧氏几何方法论的基础。除了亚里士多德，希腊另一位思想启蒙家苏格拉底在逻辑学上的两大贡献，即归纳法和一般定义法，或许也影响过欧几里得。时隔两千多年以后，早已作古的欧几里得也许会感到欣慰，他在前人思想基础之上成就的《几何原本》竟会成为希腊数学黄金时代的代表之作，这或许是后人对他最高的褒奖。

进入柏拉图学园

↑ 亚里士多德是古希腊最博学的哲学家，他的著作几乎涉及各个学科，无所不包。他对数学的贡献是创立了形式逻辑的演绎体系，为欧几里得准备了完整的理论框架。

　　欧几里得出生于雅典，却活跃在托勒密一世时期埃及的亚历山大港；他生活在公元前300年左右，但其著作《几何原本》却是对之前古典时期几何知识的一次完整而系统的总结。其理论体系完全参照了柏拉图学派的主张，因而被认为是古典时期的代表之作。这部至今仍广为使用的经典之作，虽然也曾引起过议论纷纷，但它所开创的这样一种严谨、缜密的科学思维，仅就这一点本身，其重要意义却是毫无争议的。

　　欧几里得出生时，雅典还是希腊文明的中心。浓郁的学术氛围和自由的学习空间深深地感染着每一个勤奋好学的少年，也使他们早早就充满了求知的渴望。当时他们心目中最向往的学术殿堂就是柏拉图所创立的"柏拉图学园"，欧几里得在他十几岁时，就已经立下了到"柏拉图学园"求学的志向。

　　柏拉图出身雅典贵族，家世显赫，他与老师苏格拉底既是师徒又是益友，他们相互影响结出的思想硕果成就了这对伟大的师徒。在老师苏格拉底死后，柏拉图放弃了从政的念头，决心将余生投入到哲学的研究中。他离开了雅典，进行了一次长达十余年的漫游，先后游历了小亚细亚、埃及、昔兰尼（今利比亚）、南意大利和西西里等地。返回雅典后，大约公元前380年，他创办了扬名后世的"柏拉图

↑ 欧几里得在柏拉图学园饱学了希腊古典数学等各种科学文化，并最终取得了世人敬仰的成就。

学园"。这是一所类似于现代私立大学的学院，学园里有教室、饭厅、礼堂、花园和宿舍。柏拉图自任校长，并和他的助手们负责各门课程的讲授。正如他在老师苏格拉底死后立下的决心那样，他在学园里倾心研究，教书育人，度过了自己人生的后40年，而他亲自创立的这座学园却有着顽强的生命力，在风风雨雨中存在了900年左右的时间。

柏拉图在离开雅典后的那次旅行中曾接触了不少数学家，受他们的影响，他也开始了对数学的研究。学园成立后，他还把数学作为学园讲授的最主要的课程。在柏拉图学园里，师生间的教学过程完全是通过对话的形式来进行的，因此它对学生的抽象思维能力提出了很高要求，这正是基于数学这门学科本身的特征。数学，尤其是几何学，其所研究的对象就是经过高度抽象化后的现实实物的普遍特性。它与现实生活中的实物密切关联，但又并不直接来自这些实物本身，而是经过人脑抽象思维后的产物，如概念、公理、定理、命题等。所以学习几何也就成为人们心中寻求真理，完成这种崇高使命的最有效的途径。这可能也是柏拉图极力推崇几何学的原因所在，除了他在学园门口挂的那块牌子，他甚至还声称道："上帝就是一位几何学家。"他的这一观点不仅成为柏拉图学园的主导思想，也为越来越多的希腊民众所接受。人们对数学表现出了日益浓厚的兴趣，很多人甚至入了迷，欧几里得也不例外。

2300多年前的一天，一群稚气未脱的年轻人来到雅典郊外林荫深处的"柏拉图学园"。学园大门紧闭，那块写着柏拉图名言的木牌把他们挡在外面。牌子上的字把这群前来求学的年轻人给搞糊涂了，有人忍不住出声说："如果我懂几何学，还到这儿来做什么呢？正是因为我对几何学一无所知，所以才来这儿学习的呀。"大家互相看看，人人脸上写着进退两难,没人知道该怎么办。欧几里得在人群中眺望了一阵儿,他揣摩着校长的这句话,若有所思地露出了微笑。他拨开人群,走了出来,再看了一眼那块木牌,面对着紧闭的大门,郑重其事地整了整衣冠。接下来,大家看到了惊奇的一幕。他向前迈出了几步,旁若无人而又坚定、果断地推开了大门,从容镇定地走了进去,没有回头。

对几何知识的渴求和探寻真理的愿望给了他走进这座学园大门的勇气,他被录取了。这成为欧几里得心中无上的荣耀,也极大地鼓舞了他在数学未知世界里开疆拓土的信心。他从此全身心地钻研数学,完全沉浸在数学的知识殿堂中。

欧几里得的祖国希腊有着世界古代文化史上独具特色的灿烂文明,希腊人爱好思索、思维活跃,洋溢着热爱真、善、美的独特气质。就是这样一个民族,当同一时期的世界其他古老文明还在把几何当成一种实用的工具,对几何的认识仅仅停留在经验之谈,相关的知识还是零散的只言片语阶段,希腊人却想到了把几何学系统化为一门演绎科学即一个逻辑推理体系。这或许是一个令人深思的问题。"希腊人对宇宙的态度和其他古代文化不同。他们敢于直视宇宙并探寻其究竟,而不是把宇宙的一切归之于某种不可知的、可怕而神秘的力量或神祇,并且用一种理性的态度去对待它。"这个说法也许从某种角度给了我们一个答案,如果这个说法成立,那么不难猜测,希腊人对待数学,对待几何的态度必定也受这种思想的支配。

我们无从得知在柏拉图学园学习的欧几里得是否曾经得到柏拉图本人的身传亲授,尽管作为哲学家的柏拉图本人在数学领域似乎也确实并未有让世人瞩目的贡献,但由他创立的柏拉图学园却是那个时代希腊数学活动的中心。这其中大多数的数学成就要归功于他的弟子们,而这些傲人的成绩则为柏拉图及其学园赢得了"数学家的缔造者"这一美名。或许,年轻的欧几里得就是奔着这个美名来学习数学的。

不过,如果以此而断然认为柏拉图与数学毫无关联似乎并不太公平。事实上,尽管柏拉图没能奉献出具体的数学成果,但他却开了数学哲学研究的先河,这为欧几里得

↑ 欧几里得大理石雕像画

世界大数学家成功故事

的数学思想指出了一个前进的方向。

在柏拉图的"数学理想国"里，理念世界中永恒不变的关系才是数学真正的研究对象，而不是感觉中的物质世界的变化无常。他强调抽象的数学概念，并将其与现实中的实体以及在学术讨论中用以代表它们的几何图形严加区分。比如，他认为三角形这个概念是唯一的，但感觉中的物质世界却存在有许多三角形，还存在相应于这些三角形的各种不完善的摹本，即具有各种三角形形状的现实物体。这个认识，把起始于毕达哥拉斯的对数学概念的抽象化定义又向前推进了一步。在柏拉图最广为熟知的著作《理想国》中，全书共计有 10 篇对话内容，其中第 6 篇谈及数学假设和证明，所以也有推测认为当时的柏拉图学园演绎推理已经盛行。除此之外，柏拉图还严格把数学作图工具限制为直尺和圆规，这对于后来欧几里得几何公理体系的形成起到了非常重要的促进作用。

◆《理想国》手稿

寻找几何学的"理念世界"

柏拉图强调的"数学研究必然具有高度抽象性"的数学哲学思想，很可能对当时在柏拉图学园学习的欧几里得产生了深刻影响。不难想象，柏拉图的"数学理想国"也一定时常在他的脑海里浮现。

几何学被认为是柏拉图极力推崇的一门学问，是他自己构想的精密科学的重要组成部分。柏拉图的上帝是一位"伟大的几何学家"，上帝按几何学的原理设计了一切，而且永远把一切都几何化。因此，研究几何就是认识宇宙。这是柏拉图的理想，这一理想也为欧几里得所承袭，并且穷尽了毕生心血，孜孜不倦向这一理想努力前进。

数学是一门关于完全抽象概念的学问，数学真理本身又具有永恒不变的完全的确实性，这些都决定了数学的研究方法只能是演绎推理。演绎推理所遵循的一条最基本的原理是："如果前提是真的而推理的步骤是完全合乎逻辑要求的,则结论必然是真的。"在这个基本原理的要求下,数学最完美的表达形式就只能成为一个由一个个合乎逻辑的推理构成的无穷尽的链条。如果从这一点上来看,埃及人和希腊人对几何学的态度就显得截然不同。古典时期的希腊文化从公元前600年持续到公元前300年,经历了三个多世纪的漫长岁月。古希腊的数学家们强调严密的推理以及由此得出的结论,执迷于用最精确、最严密和最简洁的语言表达和研究思想,而对这些成果的实际应用性关注甚少。他们教育人们去进行抽象的推理,以激发人们对理想和美的追求。对这种理想和境界的执著不仅体现在数学领域,我们从他们留给后世波澜壮阔的文学史诗,他们极端理性化的哲学、理想化的建筑与雕刻中都可找到痕迹。

有人说,"数学不仅是一种方法、一门艺术或一种语言,它更主要的是一门有着丰富内容的知识体系,其内容对自然科学家、社会科学家、哲学家、逻辑学家和艺术家都十分有用,同时影响着政治家和神学家的学说"。但同时,"在最广泛的意义上说,数学是一种精神,一种理性的精神"。正是在这种精神的引导和推动下,人类的思维被自如运用到趋近最完善的程度。而数学也一直而且正在通过这种精神,试图对人类的物质、道德和社会生活起到决定性的影响作用;试图去解答人类关于自身存在的各种问题;试图帮助人类去理解和创造与自然和谐共处的正确途径;去探寻和构建人类已有知识的深刻涵义和宏伟大厦。

有人曾把数学比做一棵富有生命力的树,它随着人类文明的兴衰或欣欣向荣或枯萎凋零。从它在人类历史上诞生的那一刻起,它为生存而做的斗争从未停止。在漫长的人类发展历程中,它寻寻觅觅,历经坎途,一直在努力寻找一块能够供它扎根生长的土地。终于,它找到了这片理想的家园,在希腊这片肥

在古希腊,美是一种理想,一种神圣的、不可企及的典范,引导着希腊人的生活。在他们的雕塑作品中常可以看到前额和鼻子几乎形成一条平直的线型,这种理想的塑形旨在体现他们所认为的理想之美。

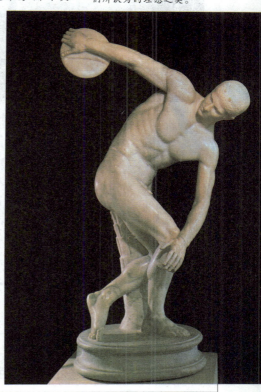

沃的土壤中扎下了根基。雅典百花齐放的学术争鸣为它提供了源源不尽的养分，无拘无束的学术氛围是它畅快呼吸的自由空气。这棵神奇的科学之树在一个较短时期里蓬蓬勃勃地成长起来，一个悄然酝酿中的花苞也在养精蓄锐，期待着在即将到来的某一天，以最美的姿态绽放出耀眼的光芒。

这一时期，在柏拉图学园潜心求学的欧几里得正用自己的努力为数学之树灌溉施肥。也许当时的他并未想到，一朵数学发展史上美丽的花朵已经在默默形成，静静地等在那里，等待着他来摘取。此时的欧几里得早已把继承柏拉图的学术作为自己的奋斗目标，他一心埋头学习。除此之外，任何好玩的地方，任何有趣的事都无法使他分心，无法改变他的心无旁骛。他熬夜翻阅和研究了柏拉图的所有著作和手稿，这样的劲头和精神恐怕连柏拉图的亲传弟子看到都会汗颜，而他对柏拉图的学术思想、数学理论的熟悉程度，恐怕更会让他们自愧不如。

🔲 牛津大学里的欧几里得雕像

经过对柏拉图思想的精心苦读和深入探究，欧几里得总结出了一个结论：图形是神绘制的，所有一切现象的逻辑规律都体现在图形之中。所以，他认为对智慧的训练，就应该从以图形为主要研究对象的几何学开始。

他确实领悟到了柏拉图思想的要旨，并把几何学的研究作为自己的主要任务，开始沿着柏拉图当年走过的道路，义无反顾地走下去。

第一次数学危机的产物

欧几里得一生博览群书，学无倦怠，汲取前人积累的大量几何学知识，最终成为一位大几何学家。在这些前辈当中，如果我们要找到一位对其影响最大的，或许要算柏拉图了。虽然欧几里得是否真的听过柏拉图亲自授课,我们不得而知,但这位校长的思想言行必定会深深刻在他的生命中,比如柏拉图的数学哲学思想。

"吾爱吾师,吾更爱真理。"这是柏拉图的学生亚里士多德的豪言。性格温和、敦厚的欧几里得也许说不出这样的话来,但他把校长柏拉图的理想忠实贯彻到了自己的著作中。我们猜测,这也许是他对柏拉图致敬的一种方式,而这也可能是他与亚里士多德的不同所在。

柏拉图对欧几里得产生重要影响的数学哲学思想,其要旨即他的"理念论"。"理念论"内容可简单表述为:"理念与其同名的可感事物分属两个对立的世界,理念先于可感事物而独立存在;理念是本原、模型,它是永恒的,而且是客观存在的。可感事物处于运动变化之中,它存在但不实在,处于实在与非实在之间,并且是区别于与其同名的理念而存在的。"

柏拉图这一理论要旨的产生和发展有其深刻的哲学和数学背景。

在哲学方面,柏拉图深受其师苏格拉底和爱奥尼亚学派成员巴门尼德等人影响,和当时的其他哲学家一样,致力于寻找世界的本原。柏拉图继承了苏格拉底从个别的事物中寻找普遍的东西,从现象中探求本质的传统。但与苏格拉底不同的是,他把普遍的东西、定义与个别的东西分离开来,使之成为"单个的存在物"——理念。受希腊富有传奇色彩的哲学家赫拉克利特"万物皆流,无物常住"思想的影响,柏拉图又进一步地认为,知识只能是对永恒不变的事物的认识。爱奥尼亚学派的巴门尼德曾把可感事物抽象化为

古代希腊哲学家赫拉克利特,被看为辩证法的奠基人之一,他是第一个用朴素的语言讲出了辩证法要点的人。

思想性的存在,并把它和非存在绝对对立起来。柏拉图在此基础上提出自己的观点:永恒不变的存在是客观实在的,但可感事物则处在存在与非存在之间。除此之外,柏拉图还吸收了毕达哥拉斯的"摹仿说"。

柏拉图数学哲学思想产生的数学背景,被认为是第一

次数学危机。根据毕达哥拉斯学派的理论,任何事物都可以用正整数或正整数的比来表示,这个也叫做可公度比(即具有公共度量单位)。但是,学派内部成员通过毕达哥拉斯定理,却从等腰直角三角形的斜边与直角边之比得出了一个无限不循环数$\sqrt{2}$。这意味着一个问题,那就是等腰直角三角形的斜边与直角边是不可公度的。

这个事实很快引发了第一次数学危机,$\sqrt{2}$的发现向毕氏学派的"整数"尊崇论发出了挑战。毕达哥拉斯学派的整数,是他们在对当时的数学知识进行研究时创造出来的一个抽象概念。后来为了满足实际生活中一些简单的度量需要,他们又把两个整数的商定义为分数,并将整数与分数统称为有理数。对于有理数,他们曾通过一种简单的几何途径来加以解释。在画出的一条水平直线上,标出一段线段作为单位长。如果将它的左端点和右端点分别表示为数字0和1,那么这条直线上每个间隔为单位长的点的集合就可用来表示整数,并且正整数在0的右边,负整数在0的左边。如果数字是分数,假设它是以字母q为分母的,则可以用直线上每一单位间隔分为 q 等分的点表示它。这样一来,每一个有理数都能够在直线上找到自己的位置,即它所对应着的直线上的那个点。一直以来,毕达哥拉斯学派以及他们学派思想的忠实拥护者笃信,有理数足以把直线上所有的点用完。但是$\sqrt{2}$的发现给了他们重重的一击,使得他们

欧几里得是古希腊最负盛名、最有影响的数学家之一,他也是亚历山大里亚学派的成员。欧几里得写过一本书,书名为《几何原本》共有13卷。

从对数字的崇拜和对直觉与经验的依赖中清醒过来,并且向当时的数学和哲学界提出一个警示:感性直观的知识并非放之四海皆准的真理。

正是基于对这一点的深刻认识,柏拉图开始了他全心

追求可靠知识,寻找实在的、永恒不变的知识对象——"理念"的征程。经历了第一次数学危机的产生及解脱,希腊数学中数的地位从此被几何学替代,演绎推理得到更多重视。希腊人从对数的崇拜中解放出来,走进了形的世界,并由此建立了他们的几何学体系。正因如此,所以也有说法认为,欧几里得《几何原本》创建的公理体系与亚里士多德的逻辑体系的产生,也许可称做是第一次数学危机的产物。

前往亚历山大港

在欧几里得以前,无论是埃及人、巴比伦人还是希腊人,人们都已经从生活实践中积累了许多几何学的知识。这些知识数量庞杂,但大多都是零散的、片段性的表述,各种结论和观点互不相关,各自独立,彼此间没有理论上的联系,更不用说公式和定理上的逻辑推理和说明,充其量或可算是经验的总结。

公元前 431 年至公元前 403 年间,希腊城邦内部爆发了内讧,由此导致了以雅典和斯巴达为主,几乎波及希腊所有城邦的伯罗奔尼撒战争。这场持续了三十余年的残酷战争让希腊走出了全盛时期,雅典的繁荣时代结束,整个希腊的命运在此出现了拐点。就在希腊人忙着内讧时,北方的马其顿人趁虚而入,随即攻陷了雅典。一个地跨亚、欧、非的庞大帝国,在年轻的马其顿王亚历山大的马蹄下,

画出了版图。虽然此时的希腊城邦在政治上依附于马其顿王廷,但同时又统一在希腊文明的旗帜之下。然而,随着希腊本土的沦陷,雅典经济的日趋衰落,曾经热闹非凡的文化中心开始移向地中海对岸那座新兴的、同样渴望希腊文明滋润灌溉的亚历山大港。

这座城市在欧几里得出生以前就已经诞生了,那位英年早逝的马其

亚历山大港是按其奠基人亚历山大大帝命名的,它是托勒密三朝的首都,很快就成为古希腊文化中最大的城市。

顿国王以自己的名字为它命名，这是发生在大约公元前332年的事情。到了埃及托勒密王朝时期，托勒密一世更是不遗余力地想将这座城市建设成地中海沿岸新的政治、经济和文化中心。社会经济的繁荣，城市的兴起，特别是农林畜牧业的发展使得对土地的开发和利用增多，这种实际的需求对当时的几何学提出了更高要求。那些零散的知识已经远远不能满足时代所需了，它迫切地需要一种提纲挈领的基本思想将其串联起来，形成整体性的知识框架。所以，把这些几何学知识加以条理化和系统化，将其规整为一套可以自圆其说、前后贯通的知识体系，成为当时社会发展、科学进步的大势所趋。

欧几里得通过早期对柏拉图数学思想，尤其是希腊几何学理论系统而全面详尽的研究，已经捕捉到了一个新的数学时代到来的讯息，并且下定决心要紧跟几何学的发展趋势，完成这项时代赋予的使命。雅典似乎已经失去了它曾经鲜活的生机，欧几里得将目光投向了正在全力建设中的亚历山大，那里似乎有一个声音在对他召唤，让他坚定了自己的决心。

公元前300年前后，在希腊已经颇有名气的欧几里得受托勒密王之邀，前往埃及到亚历山大教学。这正合欧几里得之意，随后他就收拾了行装，乘船渡海，从爱琴海边的雅典城来到尼罗河畔的亚历山大港，此行的初衷就是为了在这座充满活力的异域新城实现自己心中的理想。来到这里，虽然远离家乡，但他很快就适应下来，随即开始在亚历山大大学的执教工作。在这里我们不得不说一下，欧几里得不只是一位伟大的数学家，还是一位温良敦厚的教育家，一位和蔼可亲的老师。他对每一个热爱数学、勤奋用功的学生，总是给予循循善诱的教导，但对那些不肯刻苦努力，而妄想投机取巧、急功近利之人则给予严格的规劝或批评。

据说，有一次欧几里得在给学生们讲学。其中有一个学生刚刚入学，才开始接触第一个命题，他向欧几里得询问，学习几何学后

托勒密一世和亚历山大大帝一样，是位具有远见卓识的帝王。他在埃及制定和实施了一系列有利于政治、经济和文化发展的措施。其中就包括建立博学园，广招世界各地的文人、学者来亚历山大进行学术研究和交流。欧几里得也在应邀之列。下图为罗浮宫的托勒密一世像。

能给他带来什么利益。欧几里得神色平静,转过头,向身旁的仆人吩咐道:"拿三个金币给他,因为他想在学习中获利。"

另一个故事,说的是他和托勒密一世间的对话。有一天,托勒密国王问欧几里得,学习几何有没有捷径可循。欧几里得心平气和地回答道:"几何无王者之道。"其言外之意,几何学对每一个人都是一样的,除了刻苦用功这条崎岖小路,没有别的路可走,自然也不会有专为国王铺设的大路。这句话后来被引申为"求知无坦途",成为流传千古的至理真言。

欧几里得在亚历山大的生活,除了教学上课,剩下的就是为他的《几何原本》作准备了。在那些数不清的日日夜夜里,他一边四处收集和整理以往的数学专著和手稿,向相关学者请教,一边开始尝试着著书立说,记下自己对几何学的点滴领悟,哪怕是他自认为肤浅的理解。

经历了一段难忘的、夜以继日的日子,欧几里得的辛勤付出终于看到了结果,那朵一直在等待他来摘取的花儿向他绽放出最美的笑容,他几经易稿而最终定稿的《几何原本》问世了。欧几里得如释重负,他站在亚历山大港的海岸,眺望着对面的家乡,心里一阵欣慰。这是他的荣耀,也是他的祖国希腊的荣耀。

↑早期写在纸草书上的《几何原本》

《几何原本》的诞生,不仅第一次实现了几何学的系统化、条理化,而且孕育出一个全新的研究领域,即欧几里得几何,简称欧氏几何。这部巨著原有13卷,后人又补充了2卷。作为西方世界现存最古老的数学著作,这本书为两千多年来用公理法建立演绎的数学体系树立了最早的典范。据说,自从德国人谷登堡在15世纪中叶发明活字印刷术以来到19世纪末,《几何原本》的各种版本竟用各种语言出了大约1000版以上。

"它被认为是现代科学产生的一个主要因素,不仅是数学家,甚至连思想家们也为它完整的演绎推理结构所倾倒。"难怪有这样的说法："除了《圣经》，再没有任何一种书能够像《几何原本》这样拥有如此众多的读者，被译成如此多种语言。"

在继徐光启、利玛窦合力翻译《几何原本》前6卷后，1857年，清末数学家李善兰与英国人伟烈亚力又合译了后9卷。《几何原本》因此成为我国近代史上翻译的第一部西方数学著作。

《几何原本》

几何源起于埃及，经历了爱奥尼亚、雅典的灿烂时期，到了欧几里得时代又转回到埃及。如果要列举亚历山大时期希腊数学最辉煌的成就，欧几里得和他的《几何原本》是当之无愧的一个。这一时期的学术繁荣，应当说与执政者的大力推动密不可分。据说，埃及的托勒密一世在建设亚历山大港的同时，为了将更多有学问的人吸引到这里，他下令建立了著名的亚历山大大学，相传这座当时首屈一指的大学，规模和建制几乎堪比现代大学。欧几里得来到埃及后，就是在这座大学任教，并在这里完成了《几何原本》。

从《几何原本》发表开始，几何才真正成为了一个有着比较严密的理论系统和科学方法的学科。上图为中世纪一位女教师在教授学生们几何学的场景。

《几何原本》中的几乎所有定理在欧几里得之前就已经为人所知，其中使用的证明也大体如此。欧几里得所做的工作，说得简单些，就是把前人留下的知识进行整理和归纳。但事实是，面对纷乱庞杂、海量的数学资料，他要做的不仅仅是简单的收集、整理。他要用抽象的数学概念，用最简洁、最严谨和最精准的语言文字对这些材料加以阐述，用超乎寻常的判断力和洞察力，对各种公理和公设作适当地选取，要把它们前后统一、逻辑严密地连贯起来，形成一个宏大体系。这些工作需要极大的耐性和细心，劳心费神，所以欧几里得被公认为是古希腊几何学的集大成者。《几何原本》问世以后，很快取代了以前的几何教科书。

在这部古代世界最著名的教科书里,欧几里得把全部内容分为13篇,其中1~6篇讲的是平面几何,7~9篇讲的是数论,第10篇讲的是无理数,11~13篇讲的是立体几何。全书共收入465个命题,用到了5条公设和5条公理。在这本书里,他首先给出了点、线、面、角、垂直、平行等几何术语的定义,接着给出了关于几何和关于量的10条公理,如"凡直角都相等""整体大于部分"以及后来引起许多纷争的"平行线公设"等等。公理后面安排的则是一个接一个的命题及其证明,其内容之丰富、论述之严密令人惊叹。其内容包括了平面作图、毕达哥拉斯定理、余弦定理、圆的各种性质、平面和直线的垂直、平行和相交等关系、平行六面体、棱锥、棱柱、圆柱、圆锥、球等问题。此外还有比例的理论、正整数的性质与分类、无理数等。

作为古希腊最负盛名、最有影响的数学家之一,欧几里得也是亚历山大港学派的成员。他的《几何原本》不仅对几何学、数学和自然科学在后世的发展产生了重要作用,而且深深影响了西方人的整个思维方式。欧几里得在书中使用的公理化方法,后来成为建立任何知识体系的典范,在它出现之后的两千多年时间里,一直被奉为必须遵守的严密思维的典范,《几何原本》被认为是古希腊数学发展的顶峰,欧几里得将公元前7世纪以来希腊几何积累起来的丰硕成果,经过整理和归纳,按照由浅入深、循序渐进的规律,采用了非常科学化的体例结构,认真地进行了编排,去糙取精、补充不足,使几何学形成了一个逻辑严密、概念清晰、论证条理分明的知识体系,成为一门独立的、演绎的科学。

在给学生们传授几何学知识的欧几里得。

大事年表

公元前 3000 年	这一时期的几大文明古国,诸如古埃及、古印度、古巴比伦等,在日常的生产生活中逐渐形成并产生了几何学知识。这是几何学历史可追溯的最早时期。
公元前 6 世纪	从这一时期一直到公元前 3 世纪,希腊的早期数学蓬勃发展,并由此形成了古典时期的希腊数学。在此期间,希腊涌现出了如泰勒斯、毕达哥拉斯、巴门尼德、芝诺等身兼哲学和数学家双重身份的重要人物。
公元前 6 世纪	泰勒斯在家乡米利都创立了爱奥尼亚学派,开启了几何学证明推理的先河。
公元前 6 世纪末	希波战争爆发,米利都遭到攻击,爱奥尼亚学派被迫逃散。
公元前 431 年——公元前 403 年	希腊爆发了伯罗奔尼撒战争。马其顿人趁虚而入,攻入雅典,希腊的繁荣时期结束。
公元前 380 年	柏拉图在雅典创立"柏拉图学园",欧几里得后来也进入了该学院学习。
公元前 332 年	举世闻名的亚历山大港开始规模宏大的工程建设,希腊的数学中心开始逐渐由雅典向这里转移。
公元前 330 年	欧几里得出生在雅典。
公元前 300 年	受托勒密一世邀请,欧几里得来到亚历山大港,开始自己的执教生涯,并在这里完成了流芳千古的名著《几何原本》。
公元前 275 年	欧几里得去世。
1606—1607 年	明代数学家徐光启和英国传教士利玛窦通力合作,翻译并出版了《几何原本》前 6 卷。
1857 年	清末数学家李善兰与英国人伟烈亚力合译了《几何原本》后 9 卷。

阿基米德

公元前75年，罗马著名的政治家、哲学著作家西塞罗被元老院任命为西西里总督。百忙之中的他一到任就动身前往意大利西西里岛东部一个靠近地中海海岸，名叫叙拉古的希腊小国。西塞罗此行的目的只有一个，他要去凭吊一位仰慕已久却从未得见一面的伟大科学家。这位科学家早已离去，他只能去这位大师的坟墓前聊表敬意，以寄哀思。按照依稀的一些线索，他们在叙拉古一处荒草丛生的坟地里，找到了一座长满牛蒡的坟墓。墓顶上一根刻有圆柱和球图形的圆柱让西塞罗大为惊喜，并由此确定了墓主人，他就是阿基米德。

西塞罗的寻访之旅

出生于公元前 287 年的阿基米德,距离西塞罗所处的年代有二百余年。但是这位已逝的学者却让这位罗马的重要人物对他充满敬仰和推崇,即便是在百般繁忙之中,仍然抽出时间去亲自寻访这位先哲的安息之地。在西塞罗的眼里,阿基米德又是怎样的一个人呢?让我们一起来看看西塞罗本人曾经的一段表述。

西塞罗是一位在多方面有着高深教养之人,他崇拜希腊的哲学家和科学家,特别是他们的思想和言行。在他看来,也许哲学家和科学家这两重身份经常是合而为一的。为了找到这些先哲们崇高的美德,西塞罗曾经将叙拉古历史上一位出名的暴君和伟大的阿基米德进行对照,并用热情洋溢的语言表达了对后者的敬仰之情。他讲了狄奥尼修一世这位专制自负的政治寡头统治下的黑暗时代,讲了他的残酷行为和罪恶生活,然后,西塞罗说:"接下来我要讲的是一位在狄奥尼修以后很多年,出生在叙拉古这片土地上的男子汉。也许他早已被人们所遗忘,他出身并不富裕,地位也不高,但他有一个响亮的名字,阿基米德。我想说的是,世界上但凡有点学问之人,但凡有点良知和受过教育之人,有谁不期望做这样一个数学家,而愿意去做那样一个专制的暴君呢?如果我们把这两个人的生平和事迹做一番比较,就不难发现,这其中一个人是在全心投入数学研究、热衷发明事业中结束了生命,他是一个心灵愉悦之人。而另一个却是在杀人害命与罪恶勾当中了却一生,每日生活在

美国画家西塞罗 1797 年所绘的油画《西塞罗发现了阿基米德墓》。

战战兢兢之中，无时无刻不在为自己的生命而担惊受怕。"

也许就像有些人说的那样，用像西塞罗这样的笔调来描述阿基米德的人，不乏其数，而在古代历史学家中，几乎更是无人不对阿基米德这位卓越人物充满景仰。这样的荣誉是其他古代数学家所享受不到的，这又是什么缘故呢？

在西塞罗等人初到叙拉古时，他向当地人打听和询问阿基米德的墓地。然而当地人不但不知道有这座坟，甚至还予以否认。不知道西塞罗当时听到这样的答复，心里是怎样的想法。他是该为此感到庆幸，还是难过，抑或二者兼有呢？作为当时的统治者，作为一个罗马人，也许他是应该为自己和自己的国家感到欣慰的。因为叙拉古人竟然把自己民族这样一位杰出的智者完全遗忘！但是，作为阿基米德的一位忠实拥戴者，他大概也要替阿基米德抱不平，替他悲哀和难过了。因为叙拉古，阿基米德的家乡人竟然把他视若无存！

🔺西塞罗在荒草丛中发现了刻有圆柱和球图形的墓碑，依此辨认出这就是阿基米德的坟墓。

西塞罗在荒草覆没的坟堆里找到了阿基米德的墓碑，一根在牛蒡丛里露出一截的小柱子引起了他的注意。西塞罗说："我知道有几句诗，这几句诗是题刻在他的墓碑上的；我还知道他墓顶上雕刻着一个球和一个圆柱。"西塞罗在这根从草丛里伸出来的柱子上找到了球和圆柱的图形，然后他跟随行的那些来自叙拉古城的知名人士说了一句话，他说："这就是我要找的坟墓了。"随后，西塞罗派人用镰刀将坟墓周围的杂草清理干净，一个人走到了墓碑跟前。我们猜测，当他一步步靠近这座墓碑时，他的心里也许也是百感交集、五味杂陈。

西塞罗知道，阿基米德在生前就将他自己的《论球与圆柱》视为得意之作，所以曾有过这样的愿望，他希望在自己死后，墓碑上能够刻有代表他著作理念的图形。据说，在阿基米德不幸死于罗马士兵的刀下之后，罗马将军马塞

⬆ 在西西里岛，这处人工凿砌的石窟被认为是阿基米德之墓。

拉斯甚为悲痛，在安葬阿基米德的遗体时，就按照他的遗愿，将这幅球内切于圆柱的图形刻在了墓碑上。

西塞罗在这块经历了二百多年风雨侵蚀的墓碑上看到了题刻的几句诗，可惜的是，诗的后面一部分因为风化已经剥落掉了。他在墓碑前沉默良久，以这种沉默的方式追思这位在这个"曾经以文化发达著称的国家里……具有最高深智慧的公民"。在西塞罗的主持下，这座久已被遗忘的寂寂孤坟得以重新修复。

然而，两千多年过去，随着时光流逝，这座坟墓最终仍遗憾地消失在人们的视野之中。现在，据说在当初发现墓碑的地方，只有一个人工凿砌、宽十余米，内壁布满青苔的石窟，这个被说成是阿基米德之墓。尽管如此，事实上这个石窟并无任何能证明其真实性的标志，而直到现在，各种"发现真正墓地"的消息还时有耳闻，但其真假却让人难以区分。

去亚历山大求学

阿基米德的家乡叙拉古位于意大利半岛最南端，地中海上的西西里岛。大约公元前734年，来自希腊科林斯城邦的殖民者在这里建立起自己的殖民地。它很快发展成为地中海上的一个重要城市，这里至今还有古老的阿波罗神庙和雅典娜神庙。大约公元前474年，叙拉古人一度战胜了意大利半岛上的伊特鲁里亚人，并在几乎同一时期达到自己的文化巅峰。

大约公元前7世纪初，腓尼基一个名叫推罗的城邦，开始有移民横渡地中海来到北非。他们从当地人手中买下一块土地，在获得当地土著人的允许下，建立起了一座新的城市——迦太基。从此,这座城市借助成为贩卖奴隶和海上贸易的中转站,蓬勃发展起来。迦太基拥有庞大的海军势力和商船队伍,在这些条件的支配下,它很快在西地中海一带建立起自己的海上霸主地位。公元前 8 世纪至前 6 世纪,迦太基势力扩张的触角分别开始向非洲内陆和西地中海延伸。在控制了北非大部分腓尼基人殖民地的同时,西班牙南部海岸及其附近岛屿、撒丁岛、科西嘉岛和西西里岛西部也成为迦太基人的附属地。至此,迦太基形成了与希腊在地中海上西东对峙的局面。大约从公元前 6 世纪开始,迦太基与希腊之间的海上争霸逐渐升级到冲突层面。此后一个多世纪,双方为了争夺地中海霸主之位,一直冲突不断。直到公元前 5 世纪初,希腊在伯罗奔尼撒战争中大伤元气,势力衰落,无力对外争战,迦太基与希腊之间的纷争才算告一段落。

强大的迦太基早已对西西里岛上的这座美丽城邦叙拉古垂涎三尺,如果能将位于欧洲和非洲海上交通要道的叙拉古据为己有,这对以海上贸易为生的迦太基人无疑是个难以抵挡的诱惑。况且,叙拉古不仅仅是个重要的港口,还是军事要塞,更以生产粮食著称。但是,几乎就在这一时期,意大利半岛上的罗马人进入到自己的共和国时代。在征服和统一了意大利半岛上的城邦之后,能征善武的罗马人也跃跃欲试要对外扩张。他们随即成为蓄势待发的迦太基人新的对手,也成为对叙拉古虎视眈眈的另一个强大的敌人。

阿基米德出生的时候,叙拉古正面临着这样的处境。

公元前 287 年,在距离叙拉古城不远的地方,一位名叫费狄亚的天文学家兼数学家的家里,一个小

阿基米德时代,迦太基已发展成为地中海沿岸的贸易帝国,凭借强大的海军与罗马争夺着地中海的海上霸权。公元 147 年,迦太基城被罗马军夷为废墟。上图为复原后的迦太基古城。

男孩诞生了。按照当地的风俗,刚刚成为人父的费狄亚兴奋地在自己家门口插上了一根鲜翠欲滴的橄榄枝。橄榄枝绿色的枝叶在微风中轻拂,很快费狄亚家降生了一个男孩的消息就迅速传开,周围的邻居纷纷前来向费狄亚表示祝贺。费狄亚对儿子的将来寄予了很大希望,他给孩子取名叫阿基米德。"阿基米德"在希腊语中的意思是重要的思想家、杰出的思想家,或者叫第一流的思想家。

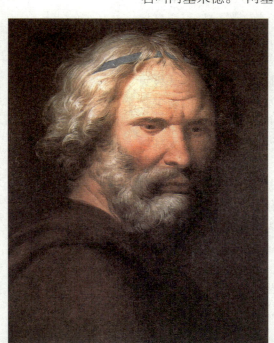

↑阿基米德是伟大的学者,享有"力学之父"的美称,并被人认为是有史以来与牛顿和高斯齐名的伟大的数学家。

时间一天天过去,阿基米德渐渐长成了少年,到了该读书的年龄。于是,他的妈妈把他送到了老师家里去学习。和其他的希腊孩子一样,阿基米德不仅要跟着老师学习几何、天文、哲学等,还要学习证明、推理和文学。由于父亲本身就是数学家,阿基米德从小受父亲的耳濡目染,很早就对数学产生了浓厚兴趣。费狄亚看到儿子对数学的偏爱,心里很高兴,他也希望儿子能继承自己的衣钵,在数学领域大放异彩。但是,看着阿基米德求知似渴的劲头,费狄亚也有了自己的担忧。

希腊曾经的文化中心雅典,早已随着希腊自身的衰落而失去了往日的勃勃生机,那个时候,地中海对岸的亚历山大港已经取代了雅典的地位,成为了新的学术中心。那里学者云集,学术氛围空前自由和热烈,而且在亚历山大图书馆里还有着海量的藏书,那里是当时人人向往的求学圣地。如果阿基米德有幸到那里学习,真是再好不过的事。可是,他还那么小,让他独自一人前往一个陌生的地方,他能够照顾好自己吗?不过,每个人的求学之路都不会是一番坦途,最重要的,他应该去征询一下阿基米德自己的想法。

转眼间,阿基米德已经是个11岁的小男子汉了。有一天,父亲叫过他,"亲爱的儿子,你愿意跟我到海边去散散步吗?""当然没有问题!"阿基米德爽快地应了下来,跟

着父亲来到海边。辽阔的大海上，一层层的波浪席卷而来，抚平了沙滩，浪花们牵着手欢快地退了回去，不久，又欢笑着再次涌来。海天交接的天际，一只只海鸟在低低地盘旋。它们伸展着翅膀，发出奇怪的鸣叫，有时像是在窃窃私语，有时又像是在互相传递着讯息，谁也猜不透它们的语言里究竟包含着什么意思。

费狄亚牵着儿子的手漫步在沙滩上，他放慢脚步，停了下来。然后指着海的对面，向阿基米德问道："孩子，你知道在那个地方有什么吗？"阿基米德踮起脚尖，顺着父亲手指的方向眺望。可是除了蓝天大海和海上翱翔的点点白鸥，什么也看不见。然而，聪明的阿基米德却响亮地回答道："我知道，爸爸，在那里有一个叫埃及的国家。"

费狄亚对儿子的回答很满意，他点了点头，说："在埃及，有一座亚历山大港。那里有很多充满智慧的学者，而且还有一个非常庞大的图书馆。"

"在那里有很多书可以看吗？"阿基米德仰起头看着父亲，眼睛里充满好奇。"是的，那里有非常多的书，你可以自由地阅读。"费狄亚说。"那真是太好了，如果我到了亚历山大，就可以读到那些书了！"阿基米德一脸兴奋。"你真的愿意去吗？"费狄亚问，"亲爱的儿子，你要想好了。你看，看到了吗？大海，它现在多么安宁啊。但是，如果它发怒了，它会像疯了一样在海上掀起巨浪，甚至吞没所有的船只。如果你要去对岸，乘船渡海是唯一的途径，难道你不畏惧大海的威力吗？"

阿基米德

"爸爸"，阿基米德眨着眼睛，一字一顿地说："如果大海发威了，我会想我到了亚历山大就能读到很多书，这样想就不怕了。""但是，你会因此远离爸爸妈妈，一个人在陌生的地方，你不怕孤单吗？"费狄亚接着问。"我会在那里认识新朋友的。您说了，那里有很多像我一样求学的人，还有很多老师，他们会教给我许多新东西。"阿基米德想到的都是学习。费狄亚抚摸着儿子额头被海风拂乱的卷发，心里很是不舍，可是阿基米德的回答最终让他下定了决心。他将儿子揽到怀里，抚着他的头发，喃喃地说："亲爱的儿子，勇敢地去吧，我们等着你回来。"

为了儿子的勇气和决心，费狄亚决定无论如何都要想

世界大数学家成功故事

办法送阿基米德去亚历山大学习，可是这笔费用确实不菲。所幸的是，当时的叙拉古国王喜厄隆正好是费狄亚的亲戚（也有说法认为，这位国王与阿基米德的父亲是朋友）。在国王的资助下，阿基米德终于搭上了一条三桅船，踏上前往亚历山大求学的旅程。

海边沉思的少年

阿基米德所处的年代，亚历山大港已经是当时西方世界的知识、文化中心。文化学术方面，它的文学、数学、天文学和医学研究等领域都处在当时西方世界的领先地位。阿基米德在此求学时，希腊著名的大几何学家欧几里得很可能已经去世。少年阿基米德未能成为这位几何学大师的亲传弟子，但是成为了欧几里得学生的学生，在亚历山大港期间的学习，为他日后从事数学研究奠定了基础。

经历了十几天的海上航行，阿基米德乘坐的三桅船终于抵达了地中海对岸的亚历山大港。这真是一座雄伟壮丽的城市！阿基米德在心里由衷地赞叹。当他到达亚历山大时，那座历经四十余年的建设，最终巍然屹立在海上的著名灯塔尚未竖立起来。没有灯塔的指引，他们能够顺利到达对岸，这番海上旅程也可谓是庆幸了。

当时的亚历山大港可说是一座高度科学化的新城，整座城市布局非常规整，仿佛就是按照设计好的几何图形所建。它有两条主干街道，大街笔直宽阔，而且非常整洁。因为它还设计有下水道，所以即便是到了下雨天，也不会弄得到处泥泞不堪。城市的中央有一座宏大而美丽的公园，公园东面是王宫、寺院和王室陵园，再往东，就是享有盛名的亚历山大港博物馆和图书馆了。

亚历山大城在托勒密一世的治理下，文化气息日益浓厚。特别是空前宏伟的博物馆和图书馆吸引了来自世界各地的优秀学者，使这里一跃而成为古代世界的学术文化中心，繁荣达千年之久！

这一时期，在亚历山大港住着许多学问满腹的学者，他们在此或讲学或求学，使得这里享有"世界上最好的学校"这一美名。无数热爱读书的年轻人也来到这里求学，他们中的大多数人像阿基米德一样，是来自大海对面的希腊人，但也有部分是东方人，他们来自印度或者阿拉伯一带。亚历山大港图书馆是一个名副其实的知识的海洋，这里有着不计其数的书籍，其中不少还是前辈人的手稿真迹。它们都是用削得尖尖的鹅毛管，蘸上颜料写在莎草纸或羊皮纸上的。这些宝贵的书籍得来不易，所有的学者对它们都异常珍惜，阿基米德也不例外。

少年的阿基米德很快就适应了这个陌生的城市，他在这里结识了一些新朋友。他们中一些人后来成为了大数学家，阿基米德毕生与他们保持着友谊。这些朋友当中最年长的是柯伦，据说，他曾对阿基米德几

亚历山大图书馆是古代西方世界的最高科学和知识中心 那里收藏了古代各种科学和文学论著。许多学者云集于此，或讲学，或求学，其中就包括阿基米德。

何学思想的发展产生过影响，但是，他年纪轻轻时就去世了。平日在读书之余，阿基米德喜欢和柯伦一起去亚历山大博物馆参观学习。博物馆里不仅有动物园、植物园和天文观测台，还有供医生解剖犯人研究人体组织结构的解剖室。这些生物、天文方面的实物研究，引起了阿基米德极大的兴趣。不过，阿基米德最感兴趣、最喜欢的还是亚历山大图书馆里丰富的藏书。徜徉在书籍世界里，他感到从未有过的兴奋和激动。后来，阿基米德和柯伦有幸被聘请为图书馆里的工作人员，这下更让他得偿所愿，因为能有更多看书的机会了。

偌大的图书馆中，几乎每天都聚集着很多人，大家在这里埋头苦读，如饥似渴地汲取书中的知识，领略着其中的无穷乐趣。这些读者当中，不乏赫赫有名的学者。阿基米德在图书馆工作期间，就是通过这些机会接触并认识了

如亚历山大港图书馆馆长、地理学家埃拉托色尼，天文学家阿利斯塔恰斯等人，这些学者后来都成为阿基米德的良师益友。

图书馆里一卷卷的羊皮书和莎草纸书都异常珍贵，而且数量又那么多。阿基米德和朋友常常在图书馆里读书到很晚，可是读一遍书是很轻松的，但要把羊皮卷或莎草纸上面的内容记下来，却很不容易。阿基米德他们能想到的，把书上的东西记录下来的最笨也最直接的办法，就是用自己的脑子掌握知识。于是，他们手捧从图书馆借来的书，废寝忘食地读着，一点一点地把这些知识记在自己的脑海中，不放过每一个公式或定理。

这个时候，阿基米德对数学的兴趣愈加浓厚了，尤其是对几何学。由于学习几何需要经常画图，他们舍不得花钱买纸和笔，于是就用小树枝在地上画，用小树枝进行公式推导，进行数字演算等。为了能让地上的数字和图形看起来更清晰，阿基米德又想出个办法。他从炉膛底下扒来一些炉灰，在地上铺了一层，"看，这就是我们的纸啦！"他高兴地跟柯伦说。

⬆ 埃拉托色尼是一位博学的哲学家、诗人、天文学家和地理学家。他的成就主要表现在地理学和天文学方面，被西方地理学家推崇为"地理学之父"，在古希腊学术界享有很高的声誉。

有一次，他洗完澡，刚刚从澡堂里出来。柯伦迎面走来，看到他一面走，一面低着头用手指在裸露的皮肤上写写画画。柯伦奇怪地问他："嘿，你这又是干什么呢？"阿基米德抬起头，哈哈笑道："嗨，柯伦，我又发现一个好主意了！"他指着身上刚刚抹过的一层香膏，笑着说："我的最新发现！在皮肤上也可以演练算术，求证几何！"柯伦不信，阿基米德让他凑近些看看。柯伦走向前，仔细一看，果然在他的皮肤上看到了指甲留在香膏上的印痕。柯伦一下给逗乐了，善意地笑他："阿基米德，你真是一个奇怪的天才啊。"

勤奋刻苦的阿基米德喜欢一个人静静沉思，少有人去的海滩是他经常光顾的地方。他喜欢在这里散步，一望无垠的辽阔大海给了他无穷无尽的想象空间，他的思维就像一匹脱了缰绳的小马扬起四蹄，在想象博大而神奇的世界里，无拘无束、欢快地自由驰骋。连绵的海岸线一直伸向远方，海面上白色的浪花正欢心雀跃地嬉闹。在他的脚下，

绵延的沙滩一眼望不到头，被无数细密而柔滑的沙粒静静
覆盖着，上面还有一粒粒五光十色的贝壳四处散落。

在海滩上，他随手捡起一枚贝壳，就可以当做最好的
一支笔；而宽阔的沙滩则是天然的一块大羊皮纸。他想在
上面画什么就画什么，想怎么画就怎么画，想画多
少、想画多大都没问题，而且画过了，只需轻轻一
抹，又可以继续再画。世界上，还有什么能比得上
这样的学习用具呢？阿基米德越想越振奋。

从那以后，只要没遇到糟糕的天气，在能出门
的情况下，阿基米德几乎每个清晨都要跑到海滩
上去学习。他有时若有所思，有时自言自语，有时
眺望远方、眉峰微蹙，霍地，又像想起什么，拿起贝
壳快速地在沙滩上演算起来。那个用功的
少年，利用那片海滩演算了无数难题，求证
了无数个推理，在得到自己认为比较准确和
满意的答案后，他才用莎草纸或羊皮纸把答
案记录下来。日复一日，年复一年，阿基米
德渐渐长成了挺拔的英俊青年。但是那个
在海边沉思的少年，却把他的身影永远留在
了那片海滩。

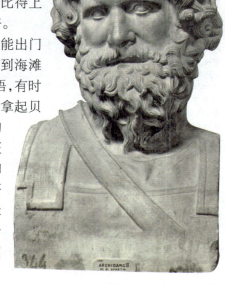

⬆ 亚历山大城是当时世界
的知识、文化中心，学者云
集。阿基米德在这里跟随
许多著名的数学家学习，由
此奠定了他日后从事科学
研究的基础。

阿基米德螺旋

阿基米德在亚历山大港究竟待了多长时间，我们无从
得知，但是，据说他在那里待了很长时间，还发明了一种类
似于扬水机的机器。

每年的 5 月份开始，埃及都会迎来一场当地特有的热
风。这股热风从埃及西边的撒哈拉大沙漠袭来，挟裹着滚
滚热浪，很快就吹遍了尼罗河两岸的角角落落。人们在这
种炽热的天气里，简直都无所适从。而这样的热风还不仅
仅只是作短暂停留，它要从 5 月刮到 6 月，持续整整一个
多月。呼啸而来的热风铺天盖地，形成强大的气旋，卷起
漫天的尘沙。尘沙钻进人们的鼻孔，覆盖在人们因出汗而
本已黏湿的皮肤上，让人呼吸不畅、浑身不舒服。阿基米

世界大数学家成功故事

尼罗河是埃及人民的母亲河，早在6000多年以前，埃及人的祖先就在尼罗河两岸繁衍生息。长期的生活实践，使古埃及人掌握了尼罗河洪水的规律，创造了灿烂的古埃及文明。

德的家乡可几乎从来没有这样恶劣的天气。

火热的太阳在天空燃烧着，大地都快要被烤焦了。田地里裂出了一道道触目惊心的口子，尼罗河的河水眼看着在下降，人和牲口都热得疲倦无力。大家躲在阴凉地儿里，抬头望着天，如果能有一片乌云过来，该多好啊！每个人的心里都在期盼喝到一口清凉的甘泉水，都在期盼呼吸一口凉爽清新的空气。阿基米德也变得焦躁起来，在这样的大热天里，他似乎也难以保持"心静自然凉"了。但是早已习惯这种气候的埃及人却好像一点不着急，他们告诉阿基米德说："年轻人，不要着急。用不了多久，我们就能盼到一场痛快的透雨啦！"阿基米德大为惊奇，问他们："你们怎么知道会下雨呢？"埃及人都笑了，他们说："明天天亮之前，你就开始到尼罗河边去观天象。如果哪一天在日出之前，你看到耀眼的天狼星在暗蓝的天际出现，那就真是该下雨了。"阿基米德半信半疑，但是到了第二天清晨，他还是起了个大早来到尼罗河畔。可惜，这天他并未看到那颗明亮的星星。但埃及人说得那样自信，阿基米德不相信，于是天天不忘观察天空，期望那颗天狼星出现。这样一直到了6月底7月初，一天清早，他果真看到天狼星在天空眨着眼睛。

埃及人的预言应验了，天狼星出现不久，干渴的大地迎来了一场痛快酣畅的大雨。从北面海上吹来的带着咸味和厚重湿气的海风，涤荡了空气中的尘沙，驱散了炎热。空气变得清新起来，天空乌云翻滚，遮天蔽日，没多长时间，令人惊喜的大雨哗哗地下了起来。雨水汩汩地流进田野里干裂的缝隙，又迅速地汇聚到尼罗河中。宽阔的尼罗河水面很快就涨了起来，河水变得浑浊。从上游下来的水流夹带着大量被冲毁的植物，植物在水里浸泡，变质腐烂。黏稠发绿的水流翻滚着、拥挤着，形成旋涡。汹涌而来的河

古埃及人发现每年夏天，当天狼星黎明前升起之时，尼罗河就开始泛滥，因此古埃及人认为天狼星是掌管尼罗河的神灵。

水快速地漫过了河岸，淹没了尼罗河两岸的大片农田，使得那里变成茫茫河海。8月份前后，河水涨到最高时，人们纷纷搬迁到高处暂住，以避开泛滥的洪水。

大概到了10月份左右，洪水慢慢消退了。大水过后，饥渴的大地喝足了雨水，变得潮湿而滋润。那些腐烂的植物淤积在原来的耕地上，形成了一层新的肥沃的土壤。尼罗河又恢复了往日的宁静，但是两岸的农田里却变得忙碌起来，埃及人繁忙的耕种季节来临了。这段时间从每年的11月开始，一直持续到第二年的2月前后。埃及人要趁着土地尚还湿润的时候，抓紧时机播种粮食。

全年干燥少雨的气候使得这样的雨季对埃及人的生产生活显得格外珍贵，因为它只有短短的二十来天，接下来埃及人要面临的又将是持续不断的干旱。古老的埃及历史悠久，它的文明就像流淌不息的尼罗河那样源远流长。埃及人将这条世界最长的河流亲切地称为自己的母亲河，尼罗河用自己的乳汁哺育了埃及人，而生活在这片土地上的人们，也早在阿基米德到来之前的几千年里，就已经学会了利用尼罗河水。他们用淤泥和芦草修筑堤坝，把泛滥时期的尼罗河水蓄积起来，以便干旱时节灌溉之用。在阿基米德的时代，埃

🔺古埃及人用堤坝蓄积起汛期时的河水，以备干旱季节之用。

及人又开始修筑大规模的石坝工程。他们就是在和尼罗河打交道的同时，在这样的建筑堤坝、测量土地的过程中，形成了自己的几何知识。

喜爱数学的阿基米德，很快也把自己学到的几何学知识运用到实际生活中。有人认为，注重"学以致用"可能是阿基米德这个人与他之前的学者，如欧几里得以及欧几里得本人的学生等，抱有的一种完全不相同的学术思想。相比欧几里得极为重视抽象的理论，不赞成甚至反对从学习中获利的思想，"阿基米德似乎对实用科学怀着更浓厚的

世界大数学家成功故事

古埃及人运用类似"桔槔"的工具将水从低处送往高处,这种汲水方式很是费力。

兴趣。"或许,阿基米德对"实用科学"的实际关注和应用,大概得要从在埃及时期开始算起了。

这个叫阿基米德的希腊青年积极地参与到埃及人修筑堤坝的工程当中,他帮助他们设计图纸、测量土地、计算土石方、储水量等。尽管勤劳的埃及人修筑了不少蓄水工程,使得大部分的土地受益,但是,仍然有一些地方,因为地势等原因照顾不到,那里的人们不得不依靠一种古老而笨重的机械提水灌溉。这种机械很像我国古代劳动人民发明的"桔槔",俗称"吊杆"。其基本的装置是,在水源上方搭建一个平台,即在一根竖立的支架上加上一个细长的杠杆,当中是支点,末端悬挂一个重物,如石块等,前端悬挂水桶。这个装置利用杠杆原理,当人把水桶放入水中打满水时,由于杠杆末端重物的重力作用,便能够轻易地把水提拉至所需高度。桔槔在我国春秋时期就已经相当普遍,是一种非常古老的提水器具。虽然埃及人的这种类似桔槔的设备的确减轻了人们的一些劳动负担,但提水仍然是一件非常吃力、辛苦的事。

阿基米德对提水的农民很是同情,他萌生了创造一种更省力的机械的想法。可是,它到底该是什么样子呢?阿基米德苦思不得其解,他想起了矗立在尼罗河畔巍峨的金字塔。关于埃及人修建金字塔的故事,他听到过一些传说。据说,奴隶们为了将笨重的石块运往高处,先要将有高坎的地方用土垫成斜坡,而后再沿着斜坡将石块缓缓拉上去。无独有偶,埃及人在修筑大坝时,也是采用这种方式,将建筑用的石块和材料运到高高的大坝上去的。阿基米德似乎受到一点启发,可是为了省力,斜面的坡度要很小,换句话说,斜面必须要很长。这在直上直下的井里面怎么办到呢?阿基米德遇到了难题。

把井壁修成"S"形吗?可即便修成这样,水仍然不能上来啊。阿基米德绞尽脑汁,思路突然局限在这个犄角里出不来了。他在海边的沙滩上画了无数图形,画了擦,擦了画,却没有一个符合他的想法。"这明显是个死胡同,不能钻这个牛角尖了。"他心里想着,望着手里的海螺壳竟然渐渐出了神。想象的火苗似乎又被点燃了,海螺壳上一圈又一圈盘旋而上的纹路慢慢地在他的眼里复活了。它们像水里的波纹,上下浮动,飘忽不定,转眼间仿佛又幻化成一连串的几何图形。

　　阿基米德的脑子一下子清醒了,太神奇了! 这不正是他在苦苦寻找的斜面吗? 一个盘旋的斜面! 看看神奇的海螺吧,当它的身体最初从螺壳底部小小的尖底儿一点点长大时,它的壳也在逐渐成长。形成壳的钙质沿着盘旋的斜面一点又一点地延伸,螺纹也随之一点点长高。可是它要堆积很长的斜面之后,才长高那么一丁点。这样的生长方式漫长而缓慢,但对阿基米德来说,却是一个惊喜的发现。一个新奇的想法从他的脑海里蹦了出来,他要制造一种像海螺一样的机械了。把斜面放到空间里,让它沿着一根轴盘旋上去,这样它就能在一定的高度里任意延伸,而且,还可以根据斜面在旋转轴上盘旋的圈数来自由调整斜面坡度的大小。当需要坡度大时,就把斜面少缠上几圈;当需要坡度小时,就让斜面沿旋转轴多缠上几圈。由于斜面是绕着这根旋转轴盘旋的,所以,当人在轴的上端施加外力,这个力就会通过轴,沿着斜面传送并作用到轴的下端。这样一来,人们不就可以省力了吗? 阿基米德为自己的这个发现露出了笑容。不久,他按照自己的设想,仿照海螺,设计了一种螺旋形的提水器。

阿基米德将所学的知识用于实践,为埃及人发明的螺旋抽水杠,直到两千多年后的现在还有人使用这种器械。

　　这个新鲜的提水器果然派上了大用场,埃及老百姓用它来浇灌田地,确实比原来轻松了不少,它在当时受到埃及人的热烈欢迎,直到现在,埃及的一些地方还在使用着这项发明。不仅如此,即便是在今天,利用阿基米德发现的斜面原理设计发明的物件或机械在

93

↑阿基米德在总结前人经验的基础上，发现了杠杆定律。为了充分说明杠杆原理的威力，他曾发出豪言："假如给我一个支点，我就能撬动地球。"

我们的日常生活中还有着广泛的用途。比如螺丝钉、修理汽车时用到的一种"螺旋千斤顶"等，其实，建筑物里的楼梯也是应用了这个原理。有的人甚至还认为，阿基米德发明的螺旋还是近代螺旋器的雏形，很可能还是螺旋桨的先祖呢。

现在看来，阿基米德的这项发明，似乎更应该归于他在物理学方面的贡献。但由这项发明引申出来的"阿基米德螺线"，以及与其相关的阿基米德著作《论螺线》，则可能记载了阿基米德本人一些数学方面的发现和理论成果。《论螺线》一书中共有 28 个命题，前 10 个是关于圆及其切线的各种比例关系的，命题 11 是对自然数平方和的不等式的证明。接着，书中给出了螺线，即"阿基米德螺线"，也叫"等速螺线"的定义。它表示："动点沿一直线作等速移动，而此直线又围绕与其直交的轴线作等角速的旋转运动时，动点在该直线的旋转平面上所留下的轨迹。"在后面的内容中，阿基米德研究了螺线的切线，给出作图方法及种种性质，包括对螺线面积的计算方法。

有意思的是，阿基米德在《论螺线》这本书中，还给现在的人们留下一个有趣的疑问。他到底是通过什么途径找到作螺线给定点处切线方法的呢？有学者认为，他是运用了运动学的原理。利用一条作匀角速运动的射线，一个在射线上作匀速运动的动点，通过确定这两个几何图形的运动速度在平行四边形法则里的合速度方向，也就确定了切线方向，因为二者是一致的。如果按照这样的推测，如果这样的推测正确的话，那么阿基米德很可能就是比牛顿和莱布尼茨早了一千四百多年萌发微积分思想的人了。

回到叙拉古

在经历了亚历山大港的一段求学经历后,阿基米德回到了故乡叙拉古。那个时候,叙拉古所处的社会环境已经与他离家求学时的情景大不相同。据说,由于叙拉古国王喜厄隆二世与阿基米德他们家的关系,回国后,阿基米德很受国王的重视。他经常自由出入宫廷,经常和国王以及王公贵族们一起畅谈国事、交流思想。除了生活条件优裕,他还得到了国王的支持,有了更大的动力和精力去从事他的研究工作。在接下来的好几十年间,阿基米德在数学、力学、机械方面取得了许多重要的发现与成就,成为一位备受尊敬、荣耀环绕的大科学家。有关他的一些充满智慧和传奇色彩的故事或传说大概也多发生在这一时期,比如他发现浮力、智测王冠的故事;利用滑轮和杠杆原理,让国王亲自把一艘巨大的游船送入大海的传说,甚至还可能包括他那句著名的豪言壮语"给我一个支点,我能撬动整个地球"等。

🔹《沉思的阿基米德》

据说,阿基米德回到叙拉古后,还保留了在亚历山大港养成的习惯。他习惯随时随地、随手在任何一个能写能画的地方,进行他的数学研究。他的家里,抬眼所见,到处都是他的演算数字、方程式,以及各种各样的几何图形。墙壁和桌子也没能幸免,都成了他的计算板,就像他把沙滩当成草纸那样。阿基米德夜以继日、废寝忘食地从事着他喜爱的数学研究工作,用一种全然忘我的境界和状态投入到其中,这种旺盛而饱满的研究精神一直延续到了他生命的最后一刻。然而,与此同时,战争的阴云也在逐渐向着叙拉古的上空

🔹 据说叙拉古的国王让阿基米德想出一个办法检测王冠是否为纯金所制,阿基米德想了好久,一直没有好方法。一次在洗澡时,他发现身体所排出的水的重量,正好等于他受到的浮力。于是他想到同样重量的合金体积要比同样重量的纯金体积大,因而会排出更多的水。于是真假王冠的问题迎刃而解。

布匿战争是古罗马与迦太基两个古代奴隶制国家之间为争夺地中海西部统治权而进行的一场著名战争。叙拉古参与其中，最终为罗马所灭。

聚拢过来。

公元前264年至前146年期间，分立地中海南北两岸的迦太基人和罗马人为了争夺海上霸权，进行了一场持续了一百多年的布匿战争。这场战争不仅关涉这两个强大的帝国，当时已经四分五裂的希腊各城邦以及地中海沿岸其他各民族也被牵扯其中。西西里岛被认为是地中海居民的谷仓，自然而然地，岛上的各个城邦国家也成为两大帝国征服或者拉拢的对象。由于西西里岛与罗马的地缘关系比较近，从文化传承上看，比起地中海对岸的迦太基人，他们之间的联系更为紧密，所以位于西西里岛上阿基米德的故乡叙拉古城一直都与罗马走得比较近。

作为岛上最重要的邦国，叙拉古一直是地中海海上贸易的中心，迦太基和罗马都想将其据为己有。于是，第一次布匿战争（前264—前241）就在这块土地上爆发了。罗马人取得了胜利，西西里岛变成了罗马地图上的一个行政省。然而，成为罗马帝国的被征服者，被罗马人压迫的日子和之前自由独立时与罗马"和睦共处"的境遇自然不能同日而语。叙拉古人不甘忍受这样的压迫，他们推举出自己的军事领袖，准备挣脱罗马人的奴役。公元前218年前后，迦太基人的卓越统帅汉拔尼有意东山再起，卷土重来与罗马人一决高低。叙拉古人抓住这个机会，与迦太基人联合作战，共同对抗罗马大军。

罗马元老院自然不肯放弃西西里岛这样的战略要地，他们推选出一员大将马塞拉斯前往西西里坐镇指挥。罗马人胸有成竹，他们对这位富有作战经验的大将军自信满满，并且相信在他的带领下，迦太基人的海军和叙拉古人的反抗都将不堪一击。他们的罗马将军和英勇的罗马兵团必将轻而易举地夺取战斗的胜利，罗马人的确没有夸大和高估罗马将士的英勇无敌，但是他们却犯了一个错误，他们低估了叙拉古人，低估了叙拉古人有一位天才的智者在保卫他们的国家，这个人就是阿基米德。

强悍的罗马军队分成了海、陆两条战线同时进攻叙拉古，沉浸在自己狂热研究中的阿基米德不得不抬起头来。

在叙拉古保卫战中，阿基米德设计了许多战争机械，来对抗敌人的进攻。

阿基米德和他的同胞建造了巨大的起重机，将敌人的战舰吊到半空中，然后重重摔下，使战舰在水面上粉碎。

世界大数学家成功故事

他的祖国正在面临一场生死之战，保家卫国的责任促使他暂时放下研究，投身到对抗罗马人的大军中。要让他带兵打仗、冲锋陷阵，显然是不可能的。但是，阿基米德拥有无人匹敌的聪明才智，这个时候，他的智慧就是最强大的武器。他绞尽脑汁、挖空心思，为自己国家的军队发明各种御敌武器。

根据一些年代较晚的记载，当时他发明了威力巨大的起重机，可以将敌人的战舰吊到半空中，然后重重摔到水面，那些战舰经不住折腾，常常被摔得粉碎。他还利用杠杆原理制造出一批投石机，一旦敌人靠近城墙，就会因为他的飞石而挨上重重的一击。

阿基米德发明的这些新式武器打得罗马军队闻风丧胆、胆战心惊，就连他们的大将军马塞拉斯都不得不苦笑着承认："这是一场罗马舰队与阿基米德一人的战争，阿基米德是神话中的百手巨人。"尽管他们是战场上的对手，但马塞拉斯也由此对阿基米德充满敬意，在后来进攻叙拉古的战斗打响之前，他还曾向手下的士兵命令：严禁伤害阿基米德！

因为阿基米德和叙拉古人的顽强抗争，马塞拉斯久久攻克不下叙拉古城。随后他改变策略，放弃强攻，改以围城的持久战来解决战斗。他首先封锁了叙拉古与外界的交通，断绝了城内的粮食来源。这个计策让"神通广大"的阿基米德也没有办法，他不可能像神明那样

阿基米德之死

变出粮食来。就这样，大约公元前212年，叙拉古最终被罗马军队攻陷。尽管在罗马大军开进叙拉古城时，马塞拉斯严禁士兵私闯民宅，但还是有一些罗马士兵违反了命令。

据说，在罗马人攻入城里时，阿基米德正在自家宅前的地上画图研究几何问题，对外面发生的一切他毫无察觉。一个罗马战士走近正在沉思中的阿基米德，并把地上所画的图形踩坏了。阿基米德说："站开些，别踩坏我的图形！"那名战士听后十分生气，于是拿起手中的武器，刺向了阿基米德，这位伟大的科学家就这样倒在了莽撞的罗马士兵脚下。据说，马塞拉斯听到这消息后非常悲痛，随即下令将那名士兵逐出军队，并且为阿基米德建了一座刻有圆柱和球图形的墓碑，以此来表达他对阿基米德的敬意。

数学成就

虽然关于阿基米德生平经历的很多有趣传说，大多讲述的似乎都是他在物理学方面的研究成果。但是我们也许得相信一个事实，如果阿基米德没有足够坚实的数学基础和严密的几何推理思想，这些物理上的意外发现也许会与他失之交臂了。实际上，一些史料记载和阿基米德本人流传下来的著作，似乎也表明了一个事实，他在数学方面的偏好和成就丝毫不逊色于他在物理学方面的兴趣与发现。

阿基米德一生著述颇丰，并且大多数是论文手稿而非那种大部头的著作形式，这在数学史上或可算是首创了。这些著述涉及内容广泛，包括数学、力学、天文学等，而他流传至今的有关几何学方面的著作有《圆的度量》《抛物线求积》《论螺线》《论球和圆柱》《论劈锥曲面和旋转椭球》《论平面图形的平衡或重心》，还有一本写给国王之子，作为科普用途的著作《沙粒的计算》。除此之外，他还留有一部如今仅存的拉丁文著作《引理集》和一部用诗歌语言写的《牛群问题》，据说他还曾把这个难题交给好友柯伦以及亚历山大数学家埃拉托色尼去解决。

在几何学方面，阿基米德最善长的是探求面积和体积及其相关的问题，他在这方面取得的成果被认为比欧几里

阿基米德一生成就颇丰，在这幅画中，阿基米德掀开垂缦，向人们展示他的发明：汲水器。

得更深了一步。可能也正因此，也有说法认为，阿基米德的著作比欧几里得《几何原本》更深而且专业。例如，他很可能用穷竭法计算出了圆的周长。他从圆内接正多边形入手，通过圆内接多边形与外切多边形边数增多、面积逐渐接近的方法，计算到圆内接96边形时，求得圆周率π的近似值22/7，这个数值准确到小数点后两位，正是3.14。这被认为是公元前人类所获得的圆周率最好的结果。用类似的方法，他还证明了球的表面积等于大圆的4倍，结果球表面积的计算公式也有了。

除此而外，阿基米德还确定了抛物线弓形、螺线、圆形的面积以及椭球体、抛物面体等各种复杂几何体的表面积和体积的计算方法。据说，他很可能就是在推演这些公式的过程中，结合欧几里得提出的趋近观念，创立了"穷竭法"。所谓"穷竭法"，即我们今天所说的逐步近似求极限的方法，可能就是基于这一点，有学者提出，阿基米德实际才是微积分计算的鼻祖。为了解决古希腊复杂的数字表示方式，阿基米德还首创了记大数的方法。由于当时阿拉伯数字尚未问世，他的这一创造性发明具有重要意义。它不仅打破了当时用希腊字母计数不能超过10000的局限，阿基米德自己还用

🔼 阿基米德像

它解决了许多数学难题。而后，他又推导出圆柱内切球体的体积是圆柱体积的三分之二。后来，按照他生前流露出的想法，这个定理被描绘成图形，刻在了他的墓碑上。

阿基米德被认为是一位注重科学、讲求实用的科学家。在他的研究中，他始终贯彻使用欧几里得的方法，先假设，再以严谨的逻辑推论得到结果。他与之前的希腊学者最大不同在于他从不将理论高高至上，而是致力于寻找理论与实际结合的有效途径。他的作品被认为是数学和物理的一种融合，因此阿基米德获得了"物理学之父"的称谓。

大 事 年 表

公元前 287 年	阿基米德出生在西西里岛的叙拉古城。
约公元前 279 年	大约在这一时期,少年阿基米德被父母送往亚历山大港求学。在埃及求学的数年里,阿基米德发明了一种名为阿基米德螺旋的抽水器械,并由此写下了《论螺旋》一书。
公元前 264 年	罗马人和迦太基人为争夺海上霸权展开了长达一个多世纪的布匿战争,叙拉古成为争夺的对象。
公元前 240 年	阿基米德回到家乡叙拉古,此后他在家乡潜心研究物理与数学。阿基米德在数学上的成就包括:他确定了大量复杂几何图形的面积与体积;利用穷举法计算出了圆周率的近似值;证明了圆面积等于圆周率以半径的平方;提出了"实数的阿基米德性质";其穷举法思想提现了他的积分论理念。其代表著作有《论球与圆柱》《论劈锥曲面体与球体》《抛物线求积》等。
公元前 264 年	这一年到公元前 241 年,第一次布匿战争在阿基米德的家乡叙拉古爆发。罗马人战胜了迦太基人,占领了叙拉古。
公元前 218 年	迦太基首领汉拔尼率军攻打罗马,叙拉古人借机反抗罗马人的统治。
公元前 214 年	大约从这年起,阿基米德开始研发武器,保卫家乡。
公元前 212 年	罗马军队攻陷叙拉古城,阿基米德遇害,终年 75 岁。

祖冲之

　　从公元 420 年东晋灭亡至公元 589 年隋朝统一中国，在一百七十余年的时间里，中国历史上出现了又一次分裂时期——南北朝。我国古代著名数学家祖冲之就生活在这一时期的南朝。南朝先后经历了宋、齐、梁、陈四个朝代，他出生在宋武帝刘裕时期，在公元 500 年，宋、齐交替之际去世。祖冲之生活的南朝，社会环境相对比较安定，经济和文化发展迅速，这成为这一时期科学家取得开创性成果的时代背景。祖冲之在天文、历法、机械、数学等领域都各有建树，但他以及他精心推算出来的圆周率，无疑是让他彪炳千秋的最伟大成就。

名字的由来

看过《三国演义》小说的人，可能都对其开篇首句印象深刻，那句话说："天下大势，分久必合，合久必分。"熟读历史的人，对这句话一定也感受颇深。翻阅古今中外的历史，这句话所描述的似乎是一个不可更改的客观规律，而中国的历史进程似乎更是印证了这个规律。

自夏商到明清，中国社会的分裂与统一反反复复交替上演。虽然也有过几个空前统一和繁荣鼎盛时期，但大的分裂和动荡时代也并不少见。其中，魏晋南北朝时期大约是分裂时间较长、动荡最为剧烈的一次。公元265年，晋武帝司马炎取代曹魏政权建立西晋，定都洛阳。公元280年，西晋灭吴，实现了全国的暂时统一，这也成为魏晋南北朝时唯一统一的朝代。但是，短命的西晋王朝在经历了随后37年的太平日子后，即被北方兴起的少数民族于公元316年所灭。尚保留了一丝血脉的西晋王室后裔随后逃往黄河以南，琅琊王司马睿在群臣拥戴下，于公元317年在建康（今南京）建立了一个新朝代，统治了秦岭淮河以南地区，史称东晋。东晋末期，农民起义不断，权臣刘裕因镇压起义有功权倾朝野。公元420年，刘裕逼迫晋恭帝司马德文禅位，即皇帝位，改国号为宋，是为宋武帝，南朝历史的大幕由此开启。

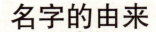

南朝宋的建立者刘裕像。

宋武帝刘裕被认为是一位杰出的军事家和政治家。他当政期间，吸取前朝士族豪强挟主专权的政治教训，抑制豪强兼并，并采取很多措施巩固国家政权，使得这一时期的南朝社会风气大为改善，政治清明、社会稳定，为当时的经济和科技文化发展创造了相对较好的环境。随后，公元424年，宋文帝刘义隆即位。他在位30年，励精图治，国家生产经济终于有所恢复。由于他的年号为"元嘉"，故这一时期也有"元嘉之治"之称。祖冲之就出生在宋文帝元嘉六年，即公元429年。

据说，祖冲之出生在夏初农历的6月末，

在他出生当晚,适逢火星冲日的天象奇观出现,所以他的祖父祖昌便给他取名叫"冲之",冲之的"冲"即取"火星之冲"之意。

所谓火星冲日,实际上是一种发生在火星、地球和太阳之间的天文现象。火星在我国古代又称"荧惑",由于它表面呈红色,荧荧如火,故在五行说里作为火的象征。另外,因为它的亮度常有变化,而且在天空中运行时,有时自西向东,有时又自东向西,顺行、逆行情况复杂,令人迷惑不解,所以有"荧荧火光,离离乱惑"之意。因为金木水火土五星逆行现象为古人所不解,所以古代的占星者还将火星看做是南方朱雀之精,一些占星者甚至还将其渲染为凶兆,并将行星逆行至中点,即太阳、地球、该行星三体一线时的现象,称之为"冲"。

所谓"冲",也叫"冲日",指某一外行星(包括火星、木星、土星、天王星、海王星等)在绕日公转过程中,运行到与地球、太阳成一条直线的状态,而地球此时又恰好位于太阳和外行星之间的一种天文现象。

由于地球外太空的一些小行星也属于外行星,所以当它们运行至上述位置时,也会有"冲"的现象发生。在现代天文学里,人们通常是把"火星与太阳视黄经相差180°时"这一期间所发生的天文现象定义为火星冲日。这段时间里,火星和太阳分别位于地球的两边。当太阳刚一落山,闪亮的火星就会从东方缓缓升起,而等到太阳再次出现在东方天际时,火星才在西方的天空落下,所以整夜都可观测火星。

🔴 在太阳系内,所有地外行星都可以发生冲日现象,在冲日前后,天体表面状况最清晰,一些珍贵的天体观测都选择在这一时进行。上图为2001年火星冲日时拍摄的火星。

我国古代的天象学里,"火星冲日"则与二十八星宿、金木水火土五星之说等有关。那时的天文学家把天空中可见的星分成二十八组,叫二十八宿,东西南北四方各七宿。东方青龙七宿分别是角、亢、氐、房、心、尾、箕;北方玄武七宿是斗、牛、女、虚、危、室、壁;西方白虎七宿称奎、娄、

"火星冲日"天文现象

胃、昴、毕、觜、参；南方朱雀七宿为井、鬼、柳、星、张、翼、轸。如果我们夜间仰望星空，在春季可以见到苍龙七宿当空，夏天则见朱雀当顶，秋季见白虎，到冬季则是玄武挂半空。二十八星宿每夜东出西落，而日月五星虽也是东出西落，却相对二十八宿由西向东微微移动。太阳在它们当中，每年移动一周，月亮则每月移动一周。金木水火土五星也常常在它们当中由西向东运行，人们把五星这时期里的运行方式叫"顺行"。但也有少数日子里，这些行星会改变方式，由东向西逆行。当五星逆行到中点时，即产生人们所说的"冲"。

祖冲之祖上本是范阳郡遒县（今河北涞水县）一个大世族。西晋末年天下大乱，战事频发，祖家居住的中原一带更是首当其冲。偏偏祸不单行，乱世又逢天灾，一时间天灾肆虐、瘟疫流行，广大黎民百姓陷入了水深火热、流离失所的困境之中。眼看着北方少数民族的铁骑在故土上肆意横行，国将不国，西晋王室后裔卷起财宝逃过了黄河，重新建立了东晋，开始新的统治。为了躲避战乱，祖家无奈之下，只好跟随王室抛弃故园，携家带口举家南迁。经历了一番波折，辗转至江南京口（今江苏镇江）定居下来，后又迁到建康（今南京）。

日食在古代被称为"天狗吞日"，因为古代科学的不发达，人们不能很好地解释这一现象，常赋予其神秘色彩，甚至被看做是凶光之兆。

古代通常一个姓氏的大家族往往在其内部又分为一些小支族。祖昌所在的祖家这一支族，历代为朝廷掌管历法。祖昌的父亲祖台之曾官至东晋侍中（古代官名，秦汉时期设置。晋以后，相当于宰相职位），为朝中心腹之臣。到了祖昌时期，祖昌本人不仅曾担任刘宋朝廷的"大匠卿"，主管土木工程方面的事务，而且因为他精通天文历法，所以还常以皇帝身边顾问的身份，勤勤恳恳为国家尽职尽力。

作为天文历法方面的专家，祖冲之的爷爷祖昌对火星冲日这些普通的天文现象并不为怪，甚至在儿子祖朔之提出疑问时，仍然坚持用"冲之"作为孙子的名字。五星逆行、冲日都有着各自的运动规律与周期。比如木星周期将近 12 年，火星周期将近 22 个月，太白金星周期约 7.5 个月，土星周期长达 29.5。在这些行星各自的运行周期中，总会出现一次逆行，一个冲日的。

"这有什么好奇怪的呢？只有那些不懂这些学问的人才会对此大惊小怪，引以为不祥之兆呢。"父亲的话坚定而充满自信，这让本还存有疑心，对自己在这样凶时凶日出生的儿子尚有些担忧的祖朔之也打消了疑虑。不过，有意思的是，在祖冲之出生当年的农历十一月初一又巧逢日食现于天际，六年后，在他 7 岁那年的大年初一，又一次遇到"天狗吞日"。无论火星冲日还是日食，在古代都被视为凶相恶兆，可是这些并未阻碍祖冲之的顺利成长。

无忧的童年

祖冲之生活的魏晋南北朝时期，正是我国古代门阀制度盛行的时候。虽然这一时期华夏大地长期处于分裂对峙状态，但在政治经济制度上却多有建树，因而成为中国历史进程中承上启下的重要阶段。古代的一些重要制度，比如九品中正制、士族制度、均田制等都是这一时期初创。这些制度对中国古代社会政治、经济的发展曾起到重要推动作用。作为盛行于同一时期的士族门阀制度似乎已经成为魏晋南北朝时期独具特色的历史产物。

要说到这一事物的起源，或许还得追溯到曹魏时期设立的九品中正制。西汉中后期，土地兼并现象十分严重，并逐步形成了一股集官僚、商人、地主三重身份为一体的豪强地主势力。在这股势力的大力扶持下，东汉政权得以建立。倚赖豪强地主力量生成的东汉王室，自然而然地给予了这些地主豪强在政治和经济上的特权。这些享有朝廷特权的大地主们倚仗权势，大肆兼并土地、经营庄园，逐渐形成割据势力，成为所谓的名门望族。东汉士族的出现为后来的魏晋南北朝时期由朝廷出面颁行法令，从制度上确立士族地主在社会各个方面享有的特权提供

祖冲之祖籍范阳郡道县（今河北涞水），为避战乱，祖冲之的祖父祖昌由河北迁至江南。公元 464 年祖冲之调至娄县（今江苏昆山东北）任县令。在此期间他计算了圆周率。下图为位于江苏昆山的祖冲之雕像。

↑公元424—453年,宋文帝刘义隆通过一系列治国方略,百姓得以休养生息,社会生产有所发展,经济文化日趋繁荣,这一时期史称"元嘉之治"。祖冲之就是在这一时期出生的。

了阶级和经济基础。这期间,曹魏政权推出的九品中正制,被认为是士族制度形成的重要标志。正是这一制度的确立,使得士族地主能够凭借家室出身轻松跻身于政界。

西晋时期,司马家族为了笼络地主士族,对他们更是进一步放纵,不断满足他们的各种要求,从政治上巩固了士族制度。这一现象到了东晋,终于被推上了顶峰。由于东晋本身就是在南北各大士族的支持下建立的,所以这一时期涌现出了如王、庾、桓、谢等大姓为代表的诸多豪门望族。这些大族掌握朝廷重权,足可与名不副实的皇室平起平坐,甚至超越皇权。而东晋王室非但不敢有所不满,反而要依靠士族的支持来维持自己的统治。

政治上的世袭特权,经济上的兼并垄断使得这一时期的士族阶层不劳而获、不思进取之风盛行,士族子弟要么骄奢放纵,要么清闲无为。士族内部的负面化发展给另一股与其针锋相对的势力——庶族(也称"寒族")提供了进入朝廷统治阶层的机会。士族与庶族之分,始于魏晋时期,到了南北朝时,二者已经形成了泾渭分明之局。士族出身的人,无论是否满腹学问,只要亮出家世,即可世代为官,并享有各种特权。但那些来自一些贫苦百姓家庭,或者新发家致富的地主、商人等庶族之人,即使拥有万贯家财,通常也几乎没有可能加入士族的行列。

南朝时期,由于士族自身的腐化落后,在政治和军事上的控制和驾驭能力几近丧失。加之因社会矛盾激化引起的农民起义此起彼伏,一些庶族地主趁机以军功崛起,并进一步控制地方,掌握兵权,其中以南朝宋武帝刘裕、南齐齐高帝萧道成最为典型。他们的成功,打破了门阀地主一统天下的局面,为士族制度的消亡敲响了丧钟。

虽然士族势力在南朝时期已经趋于没落,但对于那些有所作为的士族知识分子,刘宋朝廷仍然给予了很大信任,让他们继续世代为官。祖昌的家庭就是这样。虽然祖家在当时的众多士族豪门之中并不显赫，但仍能够得到朝廷的重视，所以他们一家几代仍可子承父业，代代相承。

就在祖冲之出生的那一年的三月初，宋文帝刘义隆正式对外宣布立长子刘劭为太子，由此确定了刘劭储君之位。同一天，为了庆祝自己的这一决定，宋文帝宣布大赦天下，并且将朝中所有文臣武将各升一级，同时还新任命了许多官员，祖冲之的父亲祖朔之也被给予了"奉朝请"的待遇。所谓奉朝请，是古代给予闲散官员的一种优惠待遇。"朝""请"，分别指臣子在春、秋季节的朝见，享有此待遇的官员实际是被赐予了一种有名无实权的岁时朝见的资格。南朝时期常以此安置闲散官员，到了南齐，此称谓成为官号之一，后隋朝撤销奉朝请，另设朝散大夫、朝散郎以代此官名。

虽然身为朝廷官员，但参与政事的机会并不多。然而，祖昌、祖朔之父子仍然兢兢业业、奉公职守，认认真真地做好自己的分内之事。祖家虽非大族，但家境也算殷实。再加上正逢"元嘉之治"，社会相对稳定、百姓安居乐业，祖冲之就在这样的环境里茁壮成长起来。出生在那个被认为是凶年凶月凶日之际的祖冲之，像当时那些普通孩子一样，有着快乐的、无忧无虑的童年。他的出生不仅给这个家庭带来了新增人丁的喜悦，而且让整个家里从此欢声笑语不断，爷爷祖昌更是对他疼爱备至。

🔹祖冲之像

祖冲之一天天长大了，开始迈着两条小腿蹒跚着学走路了，爷爷笑了，满脸的皱纹绽开了花，胡子一翘一翘的。渐渐地，他在妈妈、奶奶的调教下，学着自己数数了，一个又一个吐字不清的数字从他稚嫩的小口里蹦出来，逗得全家开怀大笑。后来，他对身边的新鲜事物产生了兴趣，常常瞪着飞舞的蝴蝶、摇着尾巴的大黄狗、院子里盛开的花好奇地出神。爷爷给他带回来的黍秸秆编织的小楼、小船，装着蝈蝈的小笼子，迎风而动的小风车，都成了他爱不释手的好玩具。他开始学着自己认识世界了，小脑瓜里冒出来一连串的问题。妈妈教他识字、背诗，他进步飞快，连爷爷都忍不住夸奖了他。

　　有一天，祖冲之新学了一首诗，摇头晃脑地给大家背了一遍。祖昌高兴之余，顺手从腰间抽出一把算筹放到了孙儿面前。祖冲之很快趴到算筹跟前，好奇地念叨起来：

"一，二，三，……"遇到那个用算筹摆出来的"四"字时，他卡壳了，努着嘴琢磨了片刻，他抬起头来，向爷爷道："这个不是字，爷爷。"祖昌点点头，说："数数有几根。"祖冲之听话地数了一遍，应道："四根。"爷爷捋着胡须道："这个是数目四。"祖冲之高兴地张大了嘴巴，随即兴致勃勃地在爷爷指点下摆弄起了算筹，并很快认识了用算筹摆出的 1 到 10 的数字。

🔺 算筹

　　算筹被认为是我国最早出现的计算工具。要说起来，它的历史可是相当古老。据说，算筹可能起源于西周时期，至今已经有两千多年的使用历史。

　　古代的算筹实际上是一根根同样长短和粗细的小棍子，一般长为 13 厘米~14 厘米，直径 0.2 厘米~0.3 厘米，多用竹子、木头、兽骨、象牙、金属等材料制成。通常人们会把二百七十几枚算筹作为一束，放在一个布袋里，系在腰部随身携带。需要记数和计算的时候，就把它们取出来，放在桌上、炕上或地上就地摆弄。用算筹表示数字共有两种形式，一种称纵式，也叫直式，一种称横式。人们规定用纵式表示个位、百位、万位、百万位……用横式表示十位、千位、十万位、千万位……以此类推，纵横相间，可表示任何整数。如果遇到"零"数，则不摆算筹。用算筹可进行加、减、乘、除、开方等多种运算，其计算程序同珠算基本一样。

　　算筹的不足之处在于运算时需占用一定面积，而且摆列算筹时特别容易出错。因此，到了北宋时期，它的地位逐渐就被算盘所代替了。

　　但在北宋之前的南朝时期，算筹仍然是一种较为广泛适用的计算工具。后来，祖冲之就是利用小小的算筹计算出了他在数学史上的伟大成就。

星空下的祖孙俩

祖冲之的祖父祖昌担任南宋朝廷大匠卿一职,这个职位是朝廷负责营建工程的最高官,地位不低。但是祖昌却从不像其他一些士族贵族那样吃喝玩乐、崇尚空谈,而是脚踏实地、勤勤恳恳地做着自己的工作。他经常研读一些算学、工程建筑、历法方面的书籍,在数学、天文等领域还有着自己的研究。祖冲之出生在这样的家庭里,很小就受到了祖父的熏陶。他对科学、数学的爱好,或许很大程度上就是受到祖父的影响。

俗话说"爷孙隔辈亲",祖冲之就是这样,他和爷爷的关系最好,常常缠着爷爷讲故事,问爷爷很多问题。每到晴朗的夜晚,爷孙俩时常偎坐在院子里,絮絮叨叨地聊天。通常在这个时候,总是祖冲之发问的时间。他经常仰起小脑瓜望着一望无际暗蓝的天空静静地发呆,头顶的夜空宛若一副宏大的棋局,上面布满晶亮的星星。那一带飘若轻纱、似有似无的银河,那无数闪闪亮亮、眨巴着眼睛、毫不羞怯地与他对望的星星,都那样充满生机和意趣,就仿佛他和它们早已相识似的。祖冲之的心里痒痒的,他多么期望能够伸出手去够一够它们,看看这些星星到底长得什么样,摸上去是冷冷的还是温暖的。那些星星好像知道他的心思一样,故意一闪一闪的,地上的孩子也不甘示弱,继续盯着它们看。

夜晚的星空总能引起祖冲之无尽的遐想。

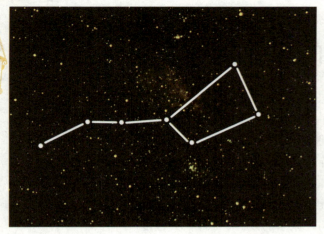

北斗七星属于大熊星座，在中国古代人们很重视北斗星，因为可以利用它来辨别方向、确定季节。

有一天，祖冲之突然高兴地跳了起来，他发现了星星的一个小秘密。他兴奋地跑进屋里，把自己的发现告诉了爷爷。

"爷爷，爷爷，我发现了一个秘密。"爷爷正在屋里的灯下看书，祖冲之的大呼小叫，让他抬起头来。他一手摇着蒲扇，一手捋了把发白的胡须，笑眯眯地问："有什么事情这样高兴啊？""您快跟我出来看看就知道了。"祖冲之拽着爷爷的衣袖，把爷爷拉到了院子里，又很快搬来了爷爷最喜欢的藤椅，让爷爷坐下。随后，他自己也搬来了凳子偎坐在爷爷身边。"爷爷，您看！"祖冲之指着天上的北斗七星，大声说："前些日子我观察它们的时候，它们的勺把儿还是指向东，可是今天我一看，怎么它们的勺把儿跑到南边去了呢？爷爷，这是为什么呢？"

"呵呵"，爷爷被祖冲之的问题给逗乐了，面对这个向来喜欢打破砂锅问到底的孙子，爷爷早已习惯他突如其来的各种问题了。"爷爷，快给我讲讲吧。"祖冲之已经有些急不可耐了。

"北斗七星，是由天枢、天璇、天玑、天权、玉衡、开阳、摇光七星组成的。因为这七颗星连起来的形状就像咱们舀酒的斗，所以称其为北斗七星。其中呢，天枢、天璇、天玑、天权组成为斗身，古曰魁；玉衡、开阳、摇光组成为斗柄，古曰杓。这北斗七星会随着四时变化，出现在天空不同方位。老早以前，咱们的老祖宗就已经发现了这个规律，所以呢，他们就根据初昏时斗柄所指的方向来决定季节：斗柄指东，天下皆春；斗柄指南，天下皆夏；斗柄指西，天下皆秋；斗柄指北，天下皆冬。"

"原来是这样，我明白了，爷爷。因为前些日子是春天，所以我会看到北斗七星的斗柄指向东面；现在咱们到了夏天，所以它们的斗柄就指向南了。"祖冲之自己解释道。

"嗯，冲之说得对。"爷爷抚着胡须说，看着这个聪明好学的孙儿满意地笑了。

"可是,为什么北斗七星会有这种变化呢?"祖冲之突然又冒出了问题。

"要回答你这个问题,就得从东汉时期的大天文学家张衡说起啦。"爷爷慢条斯理地摇着扇子说,祖冲之等不及了,摇着爷爷的手臂,央求道:"爷爷快讲讲吧,张衡老前辈到底是个怎样的人呢?"

"张衡生活的年代离我们已经有三百多年了,他是当时一位鼎鼎大名的天文学家。为了弄清楚星星是如何运动的,他日复一日、年复一年,花了很大力气,坚持不懈地进行天象观测、计算和研究。最后,他得出了结论。他认为星星不但会运动,而且运动的速度还不一样呢。对星星运动的速度,他认为:'近天则迟,远天则速。'也就是说,星星运动得快与慢,和离天的距离远近有关系。"

"星星会动?而且运动的快慢还不一样?可是,它们在天上看起来是纹丝不动的呀,这又是什么原因呢?"祖冲之一边琢磨着爷爷的话,一边自言自语。仰起头来望向夜空,星星还在眨眼,但这一次他感觉它们不是在有意戏弄他了,好像是在向他表示友好呢。爷爷也抬起头来,他摇着扇子,慢悠悠地说:"后来者居上,孩子,你的问题爷爷这辈的人还没搞清楚呢,只能靠你自己慢慢去琢磨了。只要你好好学习,博学多思,日后定有希望揭开这些谜题。"
"爷爷的话冲儿记在心里了。"祖冲之认真地答应着。

打那以后,只要爷爷一有空,祖冲之就缠着他让他讲一些历朝历代有名的科学家的故事,比如东汉时期的科学家张衡以及他发明的地动仪,数学家刘徽等。虽然这些故事中的一些道理他并不完全理解,但前人的治学研究精神却早早在他幼小的心灵上播下了种子,一颗热爱科学、不向权贵、世俗低头的种子悄悄地在他的心里萌芽了。这些

古人将全天二十八星宿按东、北、西、南四个方位划分为四部分,每一部分包含七个星宿,并根据各部分中的七个星宿组成的形状,用四种与之相像的动物命名这四个部分,叫做四象,包括苍龙、玄武、白虎和朱雀。

青龙

白虎

朱雀

玄武

↑张衡是中国东汉时期伟大的天文学家、数学家。他创造了世界上第一架能比较准确地演绎天象的漏水转浑天仪、第一架测试地震的仪器——候风地动仪,还制造出了指南车、自动记里鼓车、飞行数里的木鸟等等。

从爷爷口中听来的故事,伴随着爷爷的期望和谆谆告诫深深影响着祖冲之,鞭策他在科学研究的道路上不惧艰险、奋勇前进。

萌生大志

和祖昌同朝为官的有一位著名的天文学家叫何承天(370—447),与祖昌的关系很要好。何承天出生在今山东郯城,据说他5岁丧父,在母亲徐氏的一手抚养下长大成人。他自幼聪慧好学,博览群书,曾担任过衡阳内史、御史中丞等朝廷重要职务。东晋末年,祖昌与何承天曾同在太学任教,共同切磋史学历算,由此结下友谊,后因时局动荡才各奔东西。据说何承天不仅通览经史子集,而且精于天文律历和算学,尤其在天文历法方面更是造诣颇深。关于何承天其人其事,祖冲之从爷爷口中也熟知其中一二。据说,他是一个不修边幅的可爱老头,而且性格刚烈,为人耿直,从不曲意逢迎。正是因为这样,所以朝廷里一些当官的和贵族子弟瞧不起他,常常当面对他冷嘲热讽,甚至给他取外号。但这个老人家却一点不在意,照旧笑呵呵地为人处世,去做他的太子率更令,去编他的国史。

何承天与祖昌是世交,两人虽同朝为官,但部门不同,所以平素也难得相遇,祖冲之见到何承天的机会也很有限。祖冲之13岁左右时,建康城里建立了一所皇家学院——国子学,专门招收官员子弟,祖冲之也被爷爷送到这里上学了。刚好,何承天此时正在这里教学,祖冲之由此结识了这位名闻天下的大天文学家。祖冲之的虚心好学、知书达理,在当时骄纵之风盛行的官家子弟间颇为难得,所以他很得何承天的赏识。在何承天的悉心教导下,祖冲之学到了不少天文历法方面的知识,他对这一领域的兴趣也越来越浓了。祖昌也看到了孙子对天文方面的特殊偏好,鉴于天文和数学之间的密切联系,他开始有意加大了对祖冲之在数学上的培养。此后,只要一有空,他就把孙子叫到跟前,爷孙俩一起研究起《周髀算经》《九章算术》等经典算术著作来。很快,祖冲之在爷爷的教导下学会了"勾股定

↑刘徽,中国数学史上伟大的数学家。著有《九章算术注》和《海岛算经》。他最早提出计算圆周率的科学方法——"割圆术"。

理""开平方""开立方"等方法,还学会了求解一般的一元二次方程等。

祖冲之的聪明好学是出了名的,史书上记载他"少稽古,有机思"。意思是说,祖冲之很小的时候就学习和考查古人的著作,而且非常善于思考问题,这用他自己的话来说就是"搜炼古今"。正是在这样的勤奋用功基础上,祖冲之博览群书,阅读了大量前人著作,吸取了不少学术精华。一分耕耘,一分收获,祖冲之的努力换来了人们对他"博学多才"等的诸多好评。20岁刚出头,诺大的建康城里,他已经很有名气了。当时的人们几乎都知道,大匠卿祖昌家出了个年轻有才的后生。

就在南朝刘宋朝廷一派风调雨顺、民生祥和之际,北朝的北魏也空前强盛起来。北魏鲜卑族拓跋珪,乘淝水之战后前秦瓦解,于公元398年在平城(今山西大同)建都,这就是历史上的北魏。北魏在随后的数年间连年攻战,于公元439年灭北凉后最终统一了北方。由于北方先前的汉族经济、文化底蕴深厚,北魏在此基础之上大力地发展经济,逐渐达到了国富民丰、兵强马壮的强盛时期。雄心勃勃的北魏朝廷对江南地区的大片沃土早有觊觎之心,与此同时,作为南迁朝廷东晋的后继者,刘宋皇帝也早已有心北伐。丢失的北国疆土、破碎的半壁江山、忍痛放弃的故土家园,这是南宋皇帝的一块心病。元嘉二十六年,即公元449年,宋文帝祭祖途中,在长江边上,登高望远,凭栏北眺,望见浩浩荡荡的天堑对岸一片模糊的景象,不禁万分感慨。

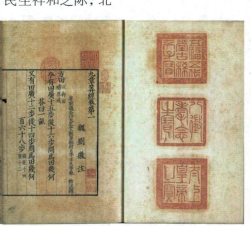

《九章算术》是中国古代第一部数学专著,是算经十书中最重要的一部书。该书系统总结了战国、秦、汉时期的数学成就。

彭城太守王玄漠等人善揣测帝王的心意,他们知道文帝长吁短叹所为何事,于是争相献策,迎合取宠,大肆鼓吹北伐。此时的宋文帝经历了二十余年的"元嘉之治",国家实力也确实有所增强。宋文帝有的是收复大好河山的雄心壮志,再加上这些臣子的劝说与鼓动,他的北伐之意日益高涨。公元450年,北魏以"朝中有人叛变,得南宋朝廷援助"为由,派数万大军南侵。此时,南宋朝廷酝酿北伐也早有半年之久,双方大战一触即发。宋文帝随即组建北伐大军,任命王玄谟为宁朔将军,随辅国将军萧斌一起率军北攻。虽然南宋朝廷信心十足,但由于北魏军队器械精良,士众强盛,斗志正旺,而宋军则盲目轻敌,加上王玄谟指挥不力,多次错过破敌良机。宋军因此人心涣散,没了斗志。结果,刘宋军队在滑台(河南滑县东南)一战兵败受挫,损失惨重。

北魏大军乘胜追击,一直打过淮河,攻到了长江边上的瓜步(今江苏境内),还扬言要渡江进攻建康。宋廷内外,举国震惊,建康城内的百姓纷纷举家逃离。宋军兵败的消息传来,祖家上下顿时也蒙上一层阴云,爷爷的脸上更是常常愁云密布。刚过弱冠之年的祖冲之此时已是一名英气逼人的年轻公子,因为家人担心祖籍老家亲人的安危,祖冲之向爷爷和父母请命,决定回乡打探消息。然而,这一趟回老家的结果,却是得知几位亲人在战乱中丧生的噩耗。返回的途中,目睹焦土遍野,目睹百姓流离失所,年轻的祖冲之心里涌起万般滋味,难以名说。

宋文帝听说前线兵败,急忙命令宫廷内外戒严,征发民丁补充队伍,又于采石(今安徽马鞍山西南)至暨阳(今江苏江阴)布置船舰与防守部队,严阵以待,建立了巩固的防线,才遏制了北魏军的攻势。公元451年初,北魏军队见渡江南下无望,加上兵力损失过半,只好撤军北去。但在撤退时,他们对瓜步一带进行了空前的烧杀掳掠,甚至连婴儿也不放过。所到之处,房屋尽毁,村井空荒,一片焦土,不见人迹,不闻鸡鸣犬吠。这次北伐失败,也使南宋社会经济遭到巨大破坏,国力大衰。

祖冲之的爷爷祖昌一生颠沛流离,年轻时正逢西晋末年乱世,好不容易经历了二十来年安宁日子,以为就此天下太平、百姓安顿,谁曾想一场北伐,又将战火重新点燃。老人家年事已高,当初宋文帝执意北伐,朝中大臣大多信心满满,爷爷虽未明确表态,但很显然,他也希望能够北伐成功,希望宋军打回老家,好祭扫列祖列宗。但是,北伐失败给了老人很大打击,不久就离开了人世。最疼爱他的爷爷去世了,爷爷临终前,他在爷爷跟前立下的"尽己所能、展己所长,为国为民、顺应天时、奉献全力"的誓言仍如雷贯耳。失去亲人的悲痛化做了他发奋研读的动力,面对因战争而致农耕失时的大片土地,祖冲之下定决心,要尽自己所能,主攻天文历算,让满目疮痍的良田耕地尽快恢复原貌,尽可能地赶上时节得以耕种。他要帮助人们医治战争的创伤,重建美好家园。

经历了这次的战乱,祖冲之变得成熟了起来,这个昔日活泼的少年似乎一夜间长成了稳重的大人。他把自己关在书房里,整日整夜埋头在那些有关天文历法的书山书海间,如饥似渴地苦读,常常到了该吃饭的时间他都不出来,一直得等到母亲接连叫上好几遍,他才出来吃饭。祖冲之的变化让父母有了些许担忧,后来在与他的谈话中,父亲得知他在研读历法书籍。"为什么突然主攻历法了?"父亲很想知道儿子的想法。

祖冲之轻轻叹了一口气,说:"自从上次回乡探亲,亲眼目睹农人不顾家园被毁,拖着伤残病体,拼命抢时播种,我才深深意识到不失农时耕种,对农人们有多么重要。他们这是在从老天爷的手中抢粮食啊!"

亲眼目睹了战后农人们抢时播种的景象,祖冲之倍感历法对农人们的重要,而旧历的种种缺陷使祖冲之最终下定决心编造一部更为科学准确的新历。

"唔,"父亲点点头,"所以,你下定决心研读历法,编制新历?但是,你知道,从古至今、历朝历代可都有历法记载的,就是通览一遍这些记载,就是一项颇为费力的事啊。而且,除了要查古阅今,你还得自己亲自查测天象,这更是一件得持之以恒、马虎不得的事。"

"天下无难事,只要我做个有心人,纵有再难的事,也不怕。"祖冲之的语气坚定决然。

"只要你有这份心,有这个毅力,我这个当爹的,还有我们全家都会支持你。"父亲的话给了祖冲之莫大的鼓舞,他更有信心做好编制新历法的事了。然而,世事难料,就在此时,南宋王廷又出乱子了。

公元453年，南宋王室发生了一场宫廷政变。太子刘劭因为渴望早日即位，唯恐夜长梦多，君位生变，于是和自己府中幕僚商议，杀了自己的父亲宋文帝刘义隆，夺得君位。然而，刘劭的王位没等坐热，他的弟弟刘骏就打着"伐逆"的旗号，率领军队杀到了京城。刘劭抵挡不住，被杀，皇帝的宝座又落到了刘骏手中，刘骏即是历史上的宋孝武帝。接连的宫廷政变，又引发了层出不穷的战乱，整个的社会经济因此受到了很大破坏，一度繁华热闹的建康城也陷入了百业凋零的状态。宋孝武帝即位后，为了拉拢人才，听说祖冲之博学多才，就下了一道诏令，把他召到了当时最高的学术研究机构华林学省任职。据说，当时能到华林学省来的人都是些"有学问""有才干"的人，外面的人称他们为华林学士。虽然没有什么真正的官职，但是有着相当高的地位。

↑ 祖冲之纪念邮票

祖冲之初到华林学省，觉得皇帝重视人才，还算清明，所以很有一番宏图大志。为了报答皇帝的"知遇"之恩，他在短短几年时间里，根据皇帝的意思编写完了《孝经注》《易经注》《老子义释》等好几部哲学著作。他因此得到了宋孝武帝的赏识，名气也更大了。然而，在华林学省的几年间，他虽然也结识了一些志同道合的挚友，但同时也看到了更多士族子弟间的恶劣作风，这让他甚为不耻。祖冲之暗暗下定决心，绝不与这些人同流合污。为了自己要为国为民作出一番实事的理想，从此他坚定不移地投入到自己的天文和数学研究当中。

编制新历法

华林学省不愧是当时的最高学府，那里不仅藏书丰富，而且书籍门类众多，涉及天文、算术、文学等很多领域。祖冲之在这里苦读了七八年的时间，所读书目从天文到地理，从算术到文学、音乐等各个学科，只要感兴趣，他都会拿来读一读。他坚信，知识从来都没有多余的，而且这些知识从来都不是互不相干、各自独立的，学科之间自有着融会贯通的关系，并非隔行如隔山。

祖冲之在华林学省的才学声名在外，宋孝武帝知道后，便将他和他的两位同窗好友一起安排到了皇子刘子鸾的身边。对祖冲之他们这些年轻人而言，这无疑是一种很高的褒奖。然而，他们自己并无多少当官把持朝政的野心，但无意中却成为别人的眼中钉。当时宋孝武帝身边有一位权臣叫戴法兴，很得皇帝宠信。戴法兴权倾朝野，恃宠而骄，大肆收受贿赂，聚敛私财，但是因为他得皇帝宠信，朝中众臣无人敢对其有所怠慢。皇子刘子鸾是宋孝武帝最宠爱的妃子殷淑仪之子，宋孝武帝有心将王位传给子鸾，所以就派了一些有才之人教导皇子，而戴法兴则被安排到太子刘子业身边。

据说，让戴法兴忌恨祖冲之的直接原因始于一次日食观测。有一天，宋孝武帝正要出去狩猎，身边的官员提醒说："子鸾王府学士祖冲之预报说今日有日食，不宜出行。"宋孝武帝很不悦，戴法兴在一旁添油加醋，说太史并未预告，不碍出行。结果，宋孝武帝还没出宫，就听见外面锣鼓喧天，喊将驱逐天狗的呼声一浪高过一浪。皇帝这才相信了祖冲之的预告，而戴法兴则因此对祖冲之生了怨隙。

公元461年，刘子鸾被加封为南徐州刺史。祖冲之作为王府幕僚，也随之前往。就是在这段时间，祖冲之也没有一刻闲着，仍然沉浸在天文历法的知识海洋里，不亦乐乎。由于祖冲之日积月累、坚持不懈地对天文星象的刻苦钻研，公元462年前后，他终于有了一次意外收获。据说，大天文学家何承天的舅父徐广曾负责主编《晋纪》，然而著述尚未完成，因东晋灭亡，老人悲伤过度，溘然辞世。徐广生前也是一位博学多才之士，精通天文历法。祖冲之在一次偶然中得知，徐广在《晋纪·律历志》中记载了北朝北凉一位学者所著的《元始历》，并且

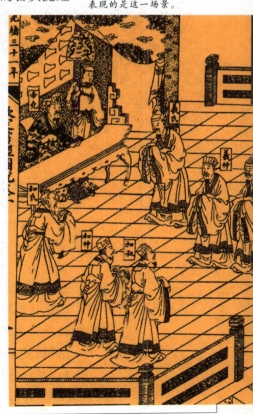

我国的历法起源很早。成书于春秋时代的《尚书·尧典》中有一段记载，叙述了帝尧当时制定历法的情况。其中说道：帝尧命令羲氏、和氏通过观测日月星辰的运行，制定历法，告知百姓。下图的《命官授时图》表现的是这一场景。

说《元始历》中提到一种新的历法思想。这个线索对热爱天文历法，向来善于独立思考，从不拘泥前人看法的祖冲之而言，无疑是一个重大的发现。他四处打听，想要亲自证实一下这个提法，这次终于在南徐州（今江苏镇江）得以见到徐广《晋纪·律历志》手稿。

祖冲之在书中看到两处据说分别是徐广、何承天的批注，随后他自己也用随身带着的算筹，按照《元始历》中的方法重新演算了一遍，又用自己创设的五硅法再算了一遍，结果发现前者仍囿于魏晋历的算法，而按照自己的方法算出的岁实即一个回归年的长度比魏晋历法精确了约有千分之四。这个对比结果让他对编制新历一事信心倍增，一回到京城，他就立即着手准备了。

事实上，在当时的南宋，上至朝廷，下至百姓，大家普遍信服的还是由何承天编制的《元嘉历》。何承天在继承舅父徐广毕生研究成果的基础上，结合自己四十余年的潜心研究和实际观测结果，于公元443年前后创制了《元嘉历》。作为何承天一生心血结晶，《元嘉历》在当时的时代条件下，确实有它的过人之处。祖冲之却在自己的研究结果下，指出了他的几点不足，并提出了自己的修改意见，于公元462年前后，编制了新历——《大明历》。

⬆为了发展农业生产，我国远古时代的人们通过长期"仰观俯察"而制定了历法，这就是星历，它根据北斗七星的斗柄和十二支辰而定。

简单地说，历法就是一种推算年、月、日和节气的方法。历法中的节气和农业生产关系密切，所以自古以来，人们就把一年中的二十四节气运用到耕种、插秧、收割等农时中来，用节气来确定农时。一些古老的民俗谚语就是这种联系的证明，"清明下种，谷雨插秧"就是劳动人民很早就总结出来的谚语。因为我国古代社会是典型的农耕社会，农业生产事关国计民生，而历法节气又与农时关系重大，所以从朝廷到百姓，人们对历法都非常重视。一旦历法有什么新变动，无论对整个国家还是每个家庭都将产生难以估量的影响。所以，改历法就成了一件劳师动众、备受瞩目的事，连皇帝自己都不能说了算。

然而，尽管如此，但社会总是在进步，科技总是在发展

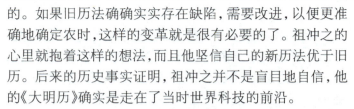

的。如果旧历法确确实实存在缺陷，需要改进，以便更准确地确定农时，这样的变革就是很有必要的了。祖冲之的心里就抱着这样的想法，而且他坚信自己的新历法优于旧历。后来的历史事实证明，祖冲之并不是盲目地自信，他的《大明历》确实是走在了当时世界科技的前沿。

祖冲之在《大明历》里首先区分了回归年和恒星年，第一次把"岁差"引进历法，测得岁差为 45 年 11 月差一度（今测约为 70.7 年差一度）。岁差即是回归年与恒星年之间的时间差，它是一种由于地球自转、太阳、月球和其他行星对地球产生天体引力，造成地球自转轴绕黄道作缓慢移动，即相对应的春分点产生位移的天文现象，这里的岁即年的意思。回归年指太阳中心从春分点回归春分点所经历的时间，又称太阳年。按照现代测量数据，一回归年大约是 365 日 5 小时 48 分 45.5 秒。恒星年即指地球公转 1 周 360度所需要的时间，一恒星年大约是 365 日 6 小时 9 分钟 10秒，回归年与恒星年之间的时间差即为岁差现象之一。

在我国历史上，最早发现岁差现象的是西晋时期的虞喜。虞喜之后 100 多年，祖冲之经过自己的研究和测算，也发现并证明了这一现象，并将其引入自己的新历法中，这被认为是中国历法史上的重大进步。祖冲之在历法上的另一成就是他测定了一个回归年的准确长度。他测定的回归年为 365.24281481 日，现在测定的数值为365.24219878 日，其数值的精确程度令人惊叹。

除了引进"岁差"，采用 391 年置 144 闰的新闰周以及精确测定交点月日数（祖冲之的测定结果为 27.21223 日，今测为 27.21222 日）则是《大明历》的另外两大成就。祖冲之的新闰周比以往历法采用的 19 年置7 闰的闰周更加精密，而其对交点月日数的精确测算更使得准确的日、月食预报成为可能。他提出的用五硅法测量正午太阳影长以确定冬至时刻的方法，也使这些历法上的重要节气时日得以更加准确的测定，为当时的农时耕种以及其他相关的社会生活提供了极大便

浑仪是中国古代用于测量天体球面坐标的观测仪器。它由一重一重的同心圆环构成，整体看起来就像一个圆球。下图为北京古观象台的浑仪。

利。

然而，好事多磨，就是这部花费了祖冲之数十年心血的历法新作，它的颁行经历却是多有曲折。新历法的问世，对于祖冲之来说，最大的褒奖莫过于将它尽快颁行天下，造福于民。也正是基于这样的考虑，据说，祖冲之在新历法脱稿之后，又随即写了一篇奏表，一同呈献给当时的宋孝武帝。奏表呈上去很长时间祖冲之久久得不到回音。后来，在一干朝中好友的极力推荐下，宋孝武帝终于同意按照以往规矩，由懂得天文历法的大臣组成一个讨论组，来好好研究一下这部新历法。

到了辩论会的那一天，文武百官确实来了不少，主持答辩的两个人，一个是中书舍人巢尚之，主管文书、负责起草诏令；另一位则是南台侍御史兼中书通事舍人戴法兴。戴法兴因为之前祖冲之预报日食让他在皇帝面前颜面尽失而对祖冲之心怀不满，祖冲之进来时，看到满脸不屑的戴法兴，他没有显出任何畏惧之色，从容不迫地走到了自己的位置。答辩开始了，祖冲之不慌不忙、侃侃而谈，从自己编制新历法的初衷，到自己为改变旧历所做的努力，到自己在这个艰难过程中收获的点滴心得，群臣都在聚精会神地听他演说。

↑祖冲之发明了用圭表测量冬至前后若干天的正午太阳影长以定冬至时刻的方法，这个方法也为后世长期使用。上图为古代用的圭表。

突然，戴法兴霍地站了起来，衣袖一挥，厉声道："够了！要我看现用的《元嘉历》就挺好的，没什么必要再改来改去了！"

祖冲之对戴法兴的蛮横无理早有所见，来之前他也作好了准备，于是理直气壮地和戴法兴展开了一场针锋相对的激烈辩论。戴法兴仗着有皇帝撑腰，朝中大臣多不敢得罪于他，气势咄咄逼人。他先从古书中搬出古代先贤的招牌来压制祖冲之，说日月星辰、二十八星宿总在一定的位置上，是万世不能改变的，而祖冲之以为冬至点每年有稍微移动是对上天和先哲的污蔑，简直就是大逆不道。接着，他又说当时通行的19年7闰的历法也是古圣先贤所制定，永远不能更改。

　　祖冲之面对戴法兴的强势，丝毫没有惧色。他根据古代的文献记载和当时观测太阳的记录，证明冬至点是有变动的。然后，他又详细地举出多年来他亲自观测冬至前后各天正午日影长短的变化，精确地推算出冬至的日期和时刻，以此说明旧历法是很不精密的。尽管理屈词穷，气急败坏的戴法兴仍旧不依不饶，他指不出新历到底有哪些缺点，于是就争论到日行快慢、日影长短、月行快慢等等问题上去。祖冲之不急不躁，逐项逐条据理力争，一一驳倒了他。戴法兴实在找不出什么碴儿来，就蛮不讲理地说："新历法再好也不能用！"紧接着祖冲之毫不退让、斩钉截铁地说："旧的历法不精确，就应该被新的代替，而不该盲目迷信古人。如果说《大明历》不好，应当拿出确凿的证据来。如果有证据，我愿受过。"

　　虽然这场辩论以祖冲之的大获全胜告终，但是《大明历》的颁行仍然被一拖再拖。直到公元510年，新历才被梁朝正式采用，然而，新历的编制者祖冲之此时已经去世10年了。

圆周率

　　公元464年，宋孝武帝因宠妃殷淑仪去世，深受打击而病逝。他死后，太子子业即位。从此，权臣戴法兴更是一手遮天，朝中大小事务皆由其主张。昔日对子业皇位产生威胁的新安王子鸾随即遭殃，紧接着子鸾王府的众多幕僚随即被搁置起来。祖冲之也因一纸调令，被派往娄县（今江苏昆山）担任县令。

🔺 圆周率纪念邮票

　　祖冲之带着妻儿，告别年迈的老父老母登上了前往娄县的客船。娄县是当时一个地处偏远的小地方，穷山恶水不说，且常有天灾光顾。他们一路所见，饿殍遍野、流浪乞讨者络绎不绝，这一切祖冲之看在眼里，痛在心头。他一上任，即展开了一番大力整顿。先是严惩了县里那些仗势欺人的恶霸；接着精简官府机构，剔除了不少拿着国家俸禄却不干实事的人员；随后，四处拜访当地豪绅，募粮赈灾，等等。人说新官上任三把火，祖冲之的这几把火点燃后，娄县百姓看到了希望，民心大受鼓舞。

转眼间，祖冲之来到娄县已经两年了。经过两年来的悉心治理，娄县面貌大有改观，终于迎来了一个丰收之年。在这金秋季节里，祖冲之也要收获自己的果实了。

自从颁布《大明历》一事石沉大海，祖冲之对朝廷已经颇有些心灰意冷。所以，打来到娄县，这里天高皇帝远，战火侵扰不到，朝中的明争暗斗也难以波及，他反倒落得轻松自在。于是趁着忙于县务的闲暇时机，利用晚上的时间潜心研究起数学方面的问题来。自古天文算术不分家，祖冲之对这一点自是深有体会，所以他打算写一本算术方面的书，把自己这些年来的数学研究成果记述下来。

夜晚，如豆的灯火下，祖冲之从柜子里拿出了已经誊写好的一沓沓稿纸，上面用遒劲刚硬的字体写满了文字，除此之外，还密密麻麻满布着各种数字和演算公式。妻儿围拢过来，和他一起在灯光下看着这些年来他的辛苦结晶。儿子祖暅之早已读书识字了，聪明懂事，他趴到了近前，指指着纸上的文字，向父亲问东问西。祖冲之微笑着，耐心地给他讲解每一个问题，就像当年祖父回答他的疑问时那样。

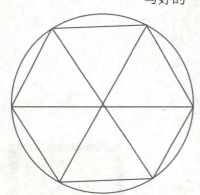

古人计算圆周率，一般是用割圆法。即用圆的内接或外切正多边形来逼近圆的周长。

"爹，这个圆周率是什么？给我讲讲吧。"儿子祖暅之忽然指着父亲开篇的"圆周率"几个字大声问。祖冲之看到儿子所指的地方，微微一笑，将儿子抱到腿上，略加沉思，缓缓开讲了："所谓圆周率，是指圆周与直径的比值。古人早有云'周三径一'也就是说，不管圆有多大，它的周长总是直径的 3 倍。这些圆形在咱们的生活里太常见了，你看，从日、月到车轮、水轮、磨盘，从桶底、碗口、筛、镜到圆田、圆台、圆坛，哪一个不是圆呢？就连日月星辰、浑仪、浑象上的圈儿，也都是圆形！"

祖暅之听父亲这样讲，若有所思，"原来圆有这么多啊。可是，为什么您要把它算得这么精确呢？"祖冲之说："如果不把圆周率算得如此精确，浑仪、浑象圆圈上的分格数就会有误。失之毫厘、谬之千里，浑仪、浑象对应的天体高可至数百万里之外，这毫厘之差可就远远不是那么一点了。"

祖暅之在父亲的怀里，歪着脑袋认真听着，他又想起了什么，问道："爹，您是第一个算圆周率的人么？""呵呵。"祖冲之看着儿子，笑着说，"你爹可不是第一人，早在之前，就已经有不少前辈了。我不过是在他们走过的路上，又往前迈出了一步而已。""那在您之前还有谁呢？"祖暅之焦急地追问。祖冲之接着讲道："在此之前，第一个对圆周率提出改革的人当推西汉时期的刘歆，然后是爷爷给你讲过的张衡，还有比他稍晚些的蔡邕。三国时期的吴国人王蕃也曾推算过圆周率，但是这些前辈的计算虽然各有千秋，却还是不够精密。直到三国末年，有一个叫刘徽的人，他提出了一种'割圆术'，这才把对圆周率的推算往前推动了一大步。"

所谓割圆术，即是将圆周用内接或外切正多边形穷竭的一种求圆面积和圆周长的方法。这个方法为刘徽首创，他利用割圆术，从圆内接正六边形开始，每次把边数加倍，直至圆内接正96边形，算得圆周率为3.14或157/50，后人称之为徽率。根据割圆术的思想，割得越细，正多边形面积和圆面积之差越小，所得的圆周率数值越加精确。

《隋书·律历志》中关于祖冲之圆周率的记载。

祖冲之在对前人研究成果进行钻研分析后认为，刘徽的割圆术是一种比较可行、也更为精准的计算方法，所以他采用了割圆术开始自己的艰难推算，最终得出了圆周率应该在3.1415926和3.1415927之间这个结论。按照一些相关资料的记载和祖冲之推算得出的圆周率值，有人推测，祖冲之在他所处的年代，要想得出这样的结果，他很可能都将圆分割到了圆内接12288边形和24576边形。难以想象，这该是一项怎样纷繁复杂的工程？据说，他需要对有9位有效数字的大数进行加减乘除和开方运算，估计有一百多步，其中包括近50次的乘方和开方，一些有效数字达17位之多。而这些都是祖冲之通过一根根的算筹，凭着对数学的满腔热情，一步步得来的结果。据说，祖冲之得出自己的圆周率后，还亲自研究过度量衡，并用最新的圆周率成果

世界大数学家成功故事

宋朝末年，祖冲之回到建康任调者仆射，此后直到宋灭亡一段时间后，他制造了许多机械，如指南车、水碓等。上图为水碓示意图。

修正了汉代刘歆发明的古代的量器容积的计算。

夜已经很深了，屋里的灯火已熄，一轮明月高悬窗外，如水的月光倾泻而下。祖冲之屹立窗前，身后传来妻儿熟睡的气息，空气里浮动着些微凉意。明月照千里，此时，建康城里的父母身体如何，二老也该歇息了吧？他拿起桌上的稿纸，月光下隐隐辨认出"圆周率"几个字。祖冲之陡然一振，心里霍地开朗了。他提起笔来，在一页空白纸上写下了"缀术"二字，这将是他的数学专著的名字。

公元478年，宋顺帝刘准当政。权臣萧道成听闻祖冲之为官多年，政绩颇丰，不仅将娄县治理得井井有条，还在当地制造了水碓磨等机械，造福百姓。为了笼络人才，萧道成向皇帝提议将祖冲之调回京城。祖冲之回到阔别多年的建康城，一切已经物是人非。他本无意结交权臣贵戚，但为了实现自己"尽己所能、展己所长，报国为民"的理想，他听从朋友的劝说，接受了朝廷为他安排的谒者仆射一职。在此期间，据说他还制造了一架极具机巧的指南车，并在与一位来自北朝的发明家制造的指南车的比赛中大获全胜，可惜的是，现在关于他这架指南车的制作技术早已失传。

世事难料，时局多变，公元482年，萧道成逼迫宋帝禅位，改国号齐，史称齐高帝。萧道成统治时期，南齐有过一段稳定时期。也就是在这段期间，祖冲之还作出了另外一些重要发明，其中就包括他的千里船和对计时工具漏壶的改进。然而，南齐初期的繁荣只是昙花一现，并没能改变南宋末年的颓势，齐朝的统治阶层内部依然矛盾迭起，明争暗斗不断。元嘉之治早已远去，盛世不再。此时的祖冲之，为了冲破政治上的黑暗势力，把全部身心都投入到了自己的科学研究上面。在这一时期，他的拼搏劲头依然不减当年。到了晚年，祖冲之的精力又转移到社会科学和文学上面。据说，他曾写过一本《述异记》，在鲁迅先生编著

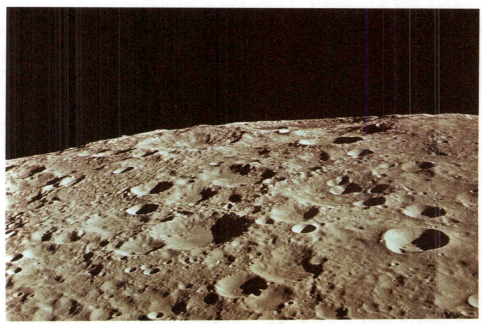

的《古小说钩沉》一书中就有这本书的片段。与此同时，他还在音律方面作出了成就。

公元499年，北朝军队攻克南齐重镇寿阳（今安徽寿县），南齐王朝从此一蹶不振，走向衰亡。危难之际，祖冲之兼职武官长水校尉一职，负责管理少数民族军队。这个任命对祖冲之这样一个出身文官的人而言，实在是一个巨大挑战，而且此时他已年近70岁。然而，祖冲之考虑的不是这些，他只想着如何重整江山、国富民强。为此，他还专门写了一篇文章《安边论》，向皇帝提出自己在政治和军事方面的改革建议。但是，仅仅凭他一己之力根本不足以改变南齐的命运，祖冲之只能眼睁睁看着国土沦丧、百姓流离。

公元500年，一代名家祖冲之怀着满腔忧国忧民之情，与世长辞，终年71岁。

祖冲之对于圆周率的研究是他对于我国乃至世界的一大突出贡献，也充分反映了我国古代数学高度发展的水平。1960年，苏联的科学家们在研究了月球背面的照片以后，决定用世界上一些贡献卓著的伟人名字来命名上面的山谷，祖冲之位列其中。现在，还有一颗由我国南京紫金山天文台发现的1888号小行星，也被命名为"祖冲之小行星"。

为了纪念祖冲之的功绩，1967年，国际天文学家联合会把月球上的一座环形山命名为"祖冲之环形山"。

大事年表

公元 429 年　正值南北朝时期南朝宋文帝元嘉六年,祖冲之出生。

公元 440 年　祖冲之进入当时的国子学,师从何承天学习天文历法。

公元 450 年　在北魏的挑衅下,宋文帝酝酿已久的北伐战争爆发。由于盲目轻
　　　　　　敌,加之指挥不力,刘宋军队大败。北伐失败,使当时的刘宋王朝
　　　　　　社会经济受到严重打击,在目睹民不聊生后,祖冲之坚定了以科
　　　　　　学报国为民的理想。

公元 453 年　太子刘劭弑父夺位,不久又被其弟刘骏所杀。为拉拢人才,宋孝
　　　　　　武帝刘骏将祖冲之召入华林学省供职,后被安排到皇子刘子鸾身
　　　　　　边辅佐学习。

公元 461 年　子鸾被加封为南徐州刺史,祖冲之成为王府幕僚。

公元 462 年　编制《大明历法》,与当朝权臣戴法兴进行改历辩论。

公元 464 年　太子子业即位,子鸾失势。祖冲之被调往娄县担任县令,在任期
　　　　　　间完成圆周率的计算。

公元 478 年　宋顺帝当政,祖冲之重回京城,任谒者仆射一职。

公元 499 年　北朝攻克南齐重镇寿阳,祖冲之临危受命,兼职南齐武官长水校
　　　　　　尉一职。

公元 500 年　与世长辞,终年 71 岁。

公元 510 年　新历被南朝梁朝正式采用。

笛卡尔

　　也许你不了解笛卡尔在数学、哲学方面的伟大成就，但是"我思故我在"这句话，相信你不会陌生。说出这句话的人就是 17 世纪法国这位名叫勒奈·笛卡尔的贵族。作为数学家，他是现代解析几何学的创始人，其所建立的解析几何开启了数学史上一个崭新的时代；作为哲学家，他被认为是欧洲近代资产阶级哲学的奠基人之一，被黑格尔称为"现代哲学之父"。他的哲学思想自成体系，将唯物主义和唯心主义相融贯通；他的数学理论成功地将几何与代数完美结合，使形与数合二为一，从而实现了数学史上的一次重大突破。

柔弱的孩子

🔶 笛卡尔在法国的家

1596 年 3 月 31 日，笛卡尔出生在法国安德尔——图瓦尔省的图赖讷城一个贵族家庭。这个家庭没有出过任何科学方面的杰出人物，家庭成员中也无人对科学领域显示出特殊偏好，而笛卡尔本人早年在家时更是从未流露出他对最终职业的丝毫征兆。他的祖父和曾祖都是医生，父亲是地方法院的一名评议员，相当于现在的律师和法官身份。

据说笛卡尔出生的那一天几乎死掉，因为他的母亲患有严重的肺结核病，不幸的是，这个病也因此遗传给了她幼小的儿子。用笛卡尔自己的话说，他"从母亲那儿继承了轻微的咳嗽和苍白的脸色，一直到 20 岁都是如此。因此，在 20 岁以前见过我的医生都认定我会夭折。"据说出生时的那一天，这个刚刚脱离母亲身体、呱呱落地的新生儿一声声咳嗽得相当厉害。医生检查过他的身体，向他的父亲摇了摇头，他无能为力，因为这孩子看上去根本没有存活下来的希望。然而，这个小生命顽强地挺了过来。

🔶 由于体弱多病，笛卡尔的学业大多是躺在床上完成的，这后来变成了他的一种起居习惯，他的许多长篇作品都是在床上写成的。

在笛卡尔出生 14 个月后，他的母亲终因肺结核病离开人世。母亲过世以后，笛卡尔的父亲移居他乡，并于 1600 年另组了一个新家庭，从此父子极少见面。笛卡尔被留给了他的外祖母抚养，由于他体弱多病，家里聘请了一名乳母专门照看他。对这位照看他的乳母，笛卡尔始终保持着亲切的怀念。然而，除此之外，他对其他亲人却极少提及。年幼的笛卡尔对家庭变故的感受如何，我们不得而知。但优越的童年生活对他来说，依然无忧无虑。

由于继承了母亲去世留下的一笔遗产，笛卡尔虽然身体不好，但从不用为生计发愁。也正是靠着这笔遗产，他日后从事自己喜爱的研究工作才有了可靠的经济保障。尽管笛卡尔和父亲极少见面，然而在经济上这位父亲却很少吝啬，在他的资助下，笛卡尔得以接受到更好的教育。

1606 年，笛卡尔进入了一所由法国国王亨利四世赞助创办的拉弗莱希耶稣会贵族学校读书。因为他身体柔弱，校方对他予以特别照顾，允许他不受校规约束，早晨不必到校上课，可以在床上读书。从此以后，笛卡尔养成了在床上学习的习惯，久而久之，也形成了喜欢沉思，独立而孤僻的性格。后来，躺在温暖的被窝里读书、写字、思考问题成为笛卡尔一生不改的习惯。据说，有时他会在床上躺着，度过整整一个上午的时间；更神奇的说法是，他的解析几何据说也是他这样躺在床上不断思考、总结完成的。对此，很多人大惑不解，而笛卡尔则自有他的一番解答。

他说，当他躺在床上时，周围的世界都会陷入一片沉寂，整个的世界仿佛瞬间悄无声息，安静得出奇。每到这时，他的思维却会在一片安宁中活跃起来，犹如万马奔腾、滔滔之水，不停不息。虽然新奇的念头和想法一个接一个不断涌现，但他的思维在这样的安静环境里却极少出现混乱，相反，总是很清晰，条条缕缕、丝丝分明。因为当人躺在柔软的床铺上时，整个身体都是舒展和放松的，没有什么压力，不会因为外界影响产生各种杂念分散思维和注意力。所以，在这样的时刻，人最容易得到"灵感"，尤其是在清晨醒来那一会儿。无论笛卡尔的说法有没有科学依据，有一点或许是值得我们思考的：每个人都有适合各自的学习和工作方式，不能生搬硬套，

年幼时期久病卧榻的经历使笛卡尔喜欢上了孤独宁静的环境，在以后的岁月里，他享受着独处空间带给他的美妙，完成了他的许多著作。

因为每个人的实际情况各有不同。但重要的是，或许我们自己也应该去摸索和尝试一下真正适合我们自己的学习途径。

笛卡尔在这所贵族学校学习了七八年，在这些年间，他接受了传统的古典教育，学习包括历史、文学、法学、神学、医学、哲学、数学以及一些自然学科的知识。进入这样一所让大多数人梦寐以求的学校读书学习，或许在一般人看来应当是物有所值、受益匪浅。然而，笛卡尔在后来的回忆中却说"这的确是一所欧洲著名的学校"，但他在这里

世界大数学家成功故事

所学的东西却让他大失所望。在他看来,学校里教的那些教科书上的理论,多是一些模棱两可、似是而非甚至前后矛盾的内容。那些古代的著作多为一些神话传说,雄辩术和诗歌无非就是消遣,而各大哲学流派领袖人物的意见也从来没有过统一,数学家们更没有在论述证明上构筑出更为高明的东西。总之,这种最终将要服务于神学和教会的经院哲学教育,非但未能使他从中得到多少确凿的知识,反而令他疑窦丛生,问题多多。而在所有的课程里面,他唯一欣赏并且感兴趣的只有数学,也正是数学给了他在学习和研究上的些许安慰。或许,我们猜测,大概在那个时候,笛卡尔已经隐约看到了一线来自真正属于自己的乐土的光线。

不想当军官的士兵

拉弗莱希的学业结束后,笛卡尔暗下决心:不再死钻书本学问,而要远离社交活动频繁的都市,寻找一处适于学习的环境。1613 年,笛卡尔进入离巴黎较远的普瓦捷大学学习法学,后在该校获得了法学博士学位。他在自己的毕业论文献词中说,他"渴望最热烈、湍流般的雄辩,但是,

1616年,笛卡尔在普瓦捷大学的毕业注册信息。

当这些雄辩之流使一个人渴望获得更多的知识而不是压制这种渴望时,它们却丝毫不能使我得到满足。"此时的笛卡尔似乎对自己的职业取向仍然一片模糊,和所有对未卜前途一片迷茫的年轻人一样,选择怎样的职业,从事怎样的工作,让他在人生的第一个十字路口徘徊不定。

思考再三,仍举棋不定的笛卡尔放弃了选择,同时也为了更好地看看世界、增长见识,1616年,结束大学学业的他只身来到了巴黎,目的只在"看看世界这

本大书。"据说，在巴黎待了一段时间后，尚未完全放弃获得一份合法职业的笛卡尔，又于 1618 年加入了据他认为可能会成为法国国王盟军的荷兰军队，成为一名绅士士兵。身娇体弱的笛卡尔去当兵，似乎是件难以想象的事情。事实是，这个身材不高，瘦瘦的，蓄着两撇小胡子，下巴颏儿上也留须的 22 岁的青年，好像也确实没把当兵当做一件正经事来看。他从未当过军官，也没领过军饷，当兵的目的很简单，只是想长长见识。

　　自愿当兵之前，虽然他仍然咳嗽，肺也不好，不过身体状况日渐好转。但他依然是那个从小衣来伸手、饭来张口，无忧无愁的大少爷。他的家里人对他宠爱有加，从来舍不得让他缺钱花，并且给他安排了一个仆从专门听从他使唤。他像当时的所有贵族青年那样，向往对国王忠诚的骑士生活，他玩马，喜欢舞刀弄剑，有时会去赌博，消磨一下时间。据说，他也偶尔写点东西，写的也是关于击剑的论文，这样的一篇文章后来遗失了。

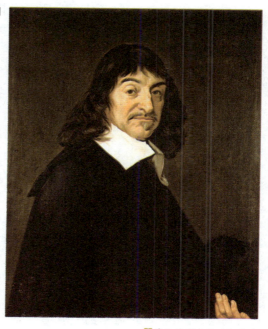

⬆毕业后笛卡儿对职业选择不定，俟决心投笔从戎，并想借机遍历欧洲，开阔眼界。在那个时代，当兵是最经济、最简便的游历方式。笛卡尔先后加入了荷兰、德国、捷克的军队。在兵营安宁而平静的日子里，他在思考几何、整理知识的同时，也游历了世界许多地区。

　　在加入行伍的那段时间，荷兰与其他国家还相对比较和平，军队里并无什么军务。然而"闲散"的军队生活对出身贵族家庭的笛卡尔来说，多少是有些失望的。有人认为，事实上当时笛卡尔在荷兰军队里的身份与那些被教授如何使用武器的青年根本不同，他倒很有可能是以一个有身份的外国人之名，作为旁听生去听某荷兰陆军军官学校课程的，所以，除上课时间之外，笛卡尔的活动相当自由。但在他自己当时的笔记中，笛卡尔对这段军队生活有这样一段描述，他说他很懒惰，而且"处在一群骚动不安且没有受过教育的士兵中间，"毫无幸福可言。在结束了这段短暂军旅生涯后，笛卡尔又转到德国，而后，按照他自己的目的，辗转游历了不少欧洲国家，大大地开阔了视野。

　　虽然军队的生活的确有些无聊，但在此期间笛卡尔遇到了一个改变他生活的重要人物，这个人叫艾萨克·比克曼。比克曼比笛卡尔大了 8 岁左右,酷爱形而上学和数学。在 1619 年遇到笛卡尔不久前,他刚刚从法国获得医学博士学位回国。笛卡尔和他在数学上找到了共通点,熟识以后,他们两人常常用拉丁语进行频繁的书信沟通和交流。比克曼保存和遗留下来的他与笛卡尔之间的这些私人信件,后来成为研究笛卡尔其人以及他的思想著作的重要资料。在笛卡尔的一生中,比克曼是与他关系密切、对他产生深刻影响的人之一,这一点笛卡尔本人也给予了认同,不过,要说起这两人的相识,却缘于一次戏剧性的偶遇。

有一天,笛卡尔上完课出来闲逛,发现大街上有一堆人围在公告栏前看布告。这布告是用佛莱芒文写的,它向人们提出了一道数学题。笛卡尔随便请教身边的一个人,请他用拉丁语或者法语讲一讲这张布告上的具体内容。凑巧的是,这个人也非常乐意用拉丁文帮他这个忙,但有个条件:如果笛卡尔解出了这道题,他得把解答的过程告诉他。笛卡尔非常爽快地答应了对方的要求,后者可能也未料到一个年轻的士官会有这般才能,因为他自认为解开这道题是很困难的。但未加多想,随后他把自己的名字和地址写在一张小纸条上交给了笛卡尔,并请笛卡尔解出答案后前往告诉他。笛卡尔看了看纸条,上面写着"艾萨克·比克曼"。

笛卡尔如约而至,解出了那道数学题后去拜访了比克曼。在一来一往的交谈中,两人很快发现了彼此在数学上的共同兴趣。正像人们常常说的那样,知己难寻,因为他们在此之前都从未碰到能够像对方那样将物理学与数学如此精确地结合在一起的人。很快,博学多才的比克曼就成为了将笛卡尔引领到数学领域的精神导师,两人还一起合作了落体和流体静力学等课题研究项目。在他们认识不久,笛卡尔写给比克曼的一封信中,他这样写道:"您是将我从冷漠中唤醒的人……当我的心在偏离重大问题时,正是您将我引入正途。"1619 年初,笛卡尔将自己的《音乐提要》一书的手稿作为礼物献给了自己的导师比克曼,在这份手稿中,他详细阐述了自己对合唱歌曲中音符之间的数学关系的看法。

不可思议的梦境

1619 年 3 月,笛卡尔来到德国。在这段时间,他仍然保持着与比克曼的频繁通信。在其中一封信里,他向比克曼宣称,自己在 6 天之内,解决了 4 个数学上长期悬而未决的重大问题。而在另外一封信里,他甚至还透露说,他将"公开一门全新的学科",它能同等地适用于解决任何几何和算术上的问题。而同样对数学痴迷的比克曼也借机怂恿他写几本代数或几何方面的书,笛卡尔答应了他。此时,这两个狂热的人都把自己关进了封闭的数学之塔中,对外面世界发生的任何大事都毫无察觉、无动于衷。或许,正像一些人说的,笛卡尔大约是在这个时候才真正开始萌生了对科学问题的热情。那段时间,笛卡尔一度深陷于自己的数学问题之中难以自拔,他越来越沉溺于独立思考,很可能还因此而一度改变了旅行计划。

1619 年,笛卡尔所在的军队滞留在德国境内,他在德国的乌尔姆度过了这一年的冬天。在这里,他全心思考的那些问题仍然萦绕心头,挥之不去。军营里没有人能够和他散散步谈谈心,虽然很无聊,但是也幸运,因为没有什么事情或感情冲动使他徒增烦恼。他成天关在暖暖和和的屋子里,愉快地和自己的思想聊天。就在这个冬天的某一天,笛卡尔在自己寄宿的这间用炉子取暖的小屋里,开始了一场心灵和思想上的交锋。

他躺在炉子旁那张长靠背椅上,闭目遐思,脑子里盘旋着他给他的"精神之父"许下的诺言、他说好要写的论著,以及用怎样的方法深入探究科学领域的"最深

世界大数学家成功故事

🔖 也许是昼有所思,夜有所悟吧,1619 年 11 月 10 日的夜晚,笛卡尔连续做了三个奇特的梦。正是因为这三个梦,增强了他创立新学说的信心。这一天是笛卡儿思想上的一个转折点,有些学者也把这一天定为解析几何的诞生日。

处"。他的一位传记作者在书中这样写道："他想使用这些方法进行研究，他的心灵在躯壳里不断冲撞、激烈动荡，他持续不断在心灵里进行自我论争，绝不允许有人在周围走动或有人来访使自己分心。在这样的极端静谧中，他内心的激动更是有增无减。这种持续不间断的激烈的思考让他疲惫不堪，几乎让他头脑发热。他陷入了某种亢奋状态，疲乏的心灵完全陷落其中，于是他做梦、产生一系列的幻觉。"

1619 年 11 月 10 日，据说，他白天在屋里冥思苦想了一天，已经到了狂热不已、体力不支的状况。夜晚倒头睡去以后，他做了三个奇特的梦：第一个梦，他梦见自己被风暴吹到了一个风力吹不到的地方；第二个梦，他梦见自己得到了打开自然宝库的钥匙；第三个梦，他梦见自己开辟了通向真正知识的道路。这三个怪异的梦境被后来研究笛卡尔本人及其思想著作的学者认为，这是笛卡尔思想上的一个转折点，甚至还有些学者提

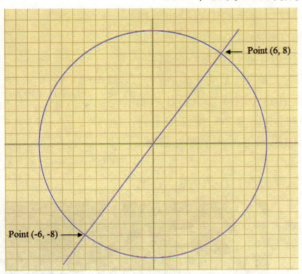

Point (6, 8)

Point (-6, -8)

在梦境之后的十几年，笛卡尔最终将对立着的"数"与"形"统一了起来，创立了解析几何学，开启了近代数学的大门。

议将这一天定为解析几何的诞生日。他无法解释这些梦产生的根源，只能想象这是上天所赐，于是他把这一天看做是"开启一门崭新学科"，这个自己一生事业的神圣启示。

且不论这个怪异的梦境之说是否成立，但这一时期，笛卡尔在数学思想上的转变使他对数学形成了一种新的认识，他找到了一种方法论，一把万能钥匙。那个未知的世界门微微开启，他瞥见了从那里投过来的一丝光明，似乎这已是不争的事实。笛卡尔自己也说，在这一天，他找到了"关于奇妙的发现的基本规则"。他在这一时期对数学表现出的那种狂热之情似乎表明了一个事实：虽然 1619 年以前，他的兴趣也确乎集中在了数学方面，但很明显，他对寻找并建立数学领域普遍适用的数学方法的观念并未给予足够重视。然而，这一天之后，他却开始致力于对这

些方法的探索与研究,甚至很可能已经有了一种朦胧的意识或构想,即把原先看似毫无关联、各自独立的学科统一到数学之下。

要把各门学科统一到数学之下,这听上去颇有些天方夜谭之说的色彩,而以后的事实似乎也表明那是一个不太合理,也不怎么现实的甚至有些狂妄的想法。所幸的是,笛卡尔很及时地从之前的狂热中脱离出来,恢复到他一贯的冷静沉着,他意识到了这一点,并没有把这个念头对外公开。但这种打破旧的学科体系、构建新的学科的思路,却由此触动了他在数学领域建功立业的野心。

正如他自己在后来的著作中所说的那样,"如果我们能看到各门学科是怎样联结在一起的话,我们就会发现,其实把它们记在脑子里并不比记下一串数字更难。"诚然,这样一个前所未有的伟大创举,就好比是摧毁并重建一个原先规划很不合理的城市里的全部房屋,但是"对于一个个人来说,要想改革各门学科的整体,或者是那些已经在学校建立起来的教学顺序,无疑是不合情理的。"笛卡尔认识到了这一点,他认为这是一项费时费力的浩大工程,而不是一项草率从事的任务。所以,他打算等自己到了一个更加成熟的年龄再将这一发现公之于众,并且要在事前花费许多时间来为这一事业作准备。事情就像后来我们看到的那样,笛卡尔这一准备就是好几年。而在这些年里,笛卡尔自称"别无所事,只是在世界上东飘西荡,力求充作世界上演出的一切喜剧的观众,而不是其中的演员。"

隐姓埋名的沉思者

1721 年,笛卡尔脱下军装,结束自己的军队生活。在后来的好几年间,笛卡尔离开德国,辗转到荷兰、意大利和法国等地游历,并在意大利住了大约两年时间。在此期间,他把大量时间花在了游玩上面,对学术研究等关注甚少,在数学方面的兴趣似乎也渐渐消失了。他喜欢旅行,在回国时,他花了大半年的时间在路上。"他从南到北对穿摩拉维亚(今捷克东部地区),进入西里西亚(中欧的一个历史区域名称,其范围包括今波兰西南部、捷克北部和德国东部一带),沿途经过的都是小学生逃学那样的道路。他一直走到波罗的海海岸,到了什切青(即今波兰斯德丁市,位于波兰西北部)地区,又经由德意志北部,到达汉堡和易北河入海处,从那里上船前往埃姆登(德国主要港口之一)。"抵达埃姆登港后,他卖掉了坐骑,只带了一个仆从,然后租了一条小船,准备自己过海回家。据说,这样可以节省时间,缩短行程。在回去的途中,他们遇到了一点小麻烦。他租来的船上那些水手试图抢劫,甚至扬言要杀死他和他的仆从,将他们扔到海里。这位看似身单力薄的年轻人这时可没了什么绅士风度、温文尔雅,也许当过兵的人都懂得怎么对付那些恃强凌弱者,知道如何叫人放老实点。他二话不说,拔出枪来,那些强盗立刻被吓到了。据说,笛卡尔自己还曾把这次海上冒险经历记了下来。

让我们一起跟随这位大师的脚步,来看看他在这些年里的经历吧!

1622 年 3 月左右,这名年轻旅行家回到了阔别长达 5 年的祖国。在这次的长期旅行中,他不仅收获了坚强的意志,得到了关于生活、人生和人自身的某些经验,而且收获了一个结实的身体。他的体质经过旅行生活的磨砺变得强健起来,他已经不太咳嗽了。从这时到 1623 年的 3 月,笛卡尔经历了一些事情。他和哥哥、姐姐一起清算了母亲留下来的遗产账目,正式接收了属于自己的部分遗产。在这段时间,他可能还去了一趟巴黎,并在那里找到了另一位精神导师,马兰·梅森纳。

马兰·梅森纳,17 世纪法国神学家、数学家、音乐理论家。他学识渊博,为人热情,是法兰西科学院的奠基人。

梅森纳比笛卡尔大 7 岁,也曾在拉弗莱希读书,可说是笛卡尔的学长。据说,梅森纳像笛卡尔一样,在数学上很有天赋,此外他还比较倾向于神学。在他们相识后的 20 多年来,梅森纳几乎被看成是"笛卡尔在巴黎的常驻代表"。因为他在当时不仅与伽利略等外国科学家以及身在外国的法国学者保持联系,同时他还充当着笛卡尔思想与外界沟通的中介人的角色,也许在后世看来,

梅森纳的名气远远不及笛卡尔,但是在他纷乱芜杂的思想里,有一条是清楚无疑的:"它(指数学)引导知性走向真理,把抽象的、睿智的、神圣的东西拿来,以供静观。"正是这一思想,使他与笛卡尔有了共鸣,也成为他们亲密友好的根源。

从 1623 到 1624 年间,笛卡尔因为受过国内某些异端邪会的影响,为了躲避风头,同时也"出于某种对大人物之间加冕等仪式典礼的好奇心的驱使"(当时教皇葛利哥里十五刚刚去世,继承人乌尔班八世即将进行加冕典礼)笛卡尔到意大利进行了一次漫游。这次他玩了有 20 个月左右的时间。他在威尼斯做了短暂停留,然后去了罗马、热那亚,甚至还有佛罗伦萨。有说法认为,他可能在此期间拜访了伽利略。

1626 年,笛卡尔回到了法国。他开始考虑是否要找个正当的职业正式工作了。他起初想谋求一份法律方面的差事,但是担心自己的法律知识难以胜任;而且他在这方面的实践经验一片空白。为此,他曾向父亲写信征求意见。然而,就在这时,父子俩失去了一次宝贵的见面机会,因为接下来笛卡尔就乘上了前往巴黎的驿车。随后,他在巴黎住了下来,自此一直到了 1628 年下半年。这是他出生以来头一次在首都住这么长时间,也是由此直至他逝世,在

如果不是身患疾病,笛卡尔很是热衷于外出旅行。参军后笛卡尔的身体状况有了明显改善,从 1616 年到 1582 年,笛卡尔做了广泛的游历,其中就包括 1623 到 1624 年观光意大利。下图关意大利名城佛罗伦萨。

↑17世纪的法国，正是贵族沙龙兴盛的时期。这种被誉为"优雅社会的摇篮"的沙龙大都由贵族妇女主持，谈话内容多以诗歌和小说为主。这种场合显然没有笛卡尔期望的知己，于是不久，他对这种贵族化社会生活的兴趣也减淡了。

巴黎住得最久的一次。

在巴黎的几年里，笛卡尔搬了好几次家，最后隐居在一家小客店里。如果有人拜访他，只有通过他的仆从带路，才能经过一番曲折找到他的住所。笛卡尔自己好像也说过这么一句话："隐居得越深，生活得越好。"因为他总是想"彻底贯彻他所能想象的最简单、最不孤僻怪诞、最不矫揉造作的生活方式。"据说，他的家里一切看起来都非常简单，家具和桌椅总是收拾得纤尘不染，而且没有任何多余的摆设。他有少数几个仆从照顾他的生活，出门办事从不讲究什么排场，总是按照当时的流行时尚，穿一件简单的绿色绸纹短外套，然后佩上象征他贵族身份的羽饰、绶带和剑。对于一个贵族来说，这些东西是不可以随便不要的。

这时的笛卡尔似乎对寻找一份稳定而长久的职业又逐渐失去了耐性和兴趣，五光十色的巴黎上层社会暂时吸引了他的注意。作为一名年轻的，名下有着一笔可观遗产的贵族，笛卡尔轻松进入了当时颇有影响的一些文化沙龙，社交成为他生活的一部分。

这几年的悠闲时光里，笛卡尔在巴黎过着一种绅士般的社交生活，他渐渐成为巴黎社会的一介名流。这段时间对笛卡尔来说影响重大，他在此期间，结识了当时的诸多进步人士。在当时的巴黎社会，人们关注和热烈谈论的多是文学和时事政治，极少有人认真地将哲学和科学研究当做真正的职业。而愿意从事这些工作的多是一些业余爱好者，或者是那些自学成才的人，就连那个时候的天文学家，往往也都是从教会中的神职人员或占星术士里边招收来的。被哲学、数学占据了心灵的笛卡尔，自然只会和志同道合者惺惺相惜，所以他在巴黎新结识的朋友当中，不少人都是教会人士或者数学家，包括梅森纳、米多热等，还有与他针锋相对的罗勃伐。

这段时间里，笛卡尔对数学的兴致愈加冷淡，在光学、物理机械方面的兴趣却变得热烈起来。1628 年 10 月，笛卡尔写信给自己的老朋友兼精神导师比克曼，并向后者心灰意冷地表示，自己"在算术和几何方面没有更大发现。"随后，他动身离开法国，前往荷兰。关于他离开法国，前往荷兰的原因众说纷纭。有说法认为，他是受到当时法国国内的迷信和宗教狂热的迫害被迫逃亡荷兰；另有说法认为，他不满意法国的宗教和政治制度，前往荷兰寻找和平，摆脱世俗困扰；还有一种说法，据说源自莱布尼茨，他说笛卡尔离开巴黎不过是"为了不再碰见罗勃伐。"无论这些说法是否成立，笛卡尔前往荷兰的目的似乎只有一个，那就是寻找一种适于沉思的环境。这个理想化的荷兰，是他显示自己天才的国家，他相信在这里能够找到自己的出路，于是他去了。至于他是否想逃避什么，我们无从得知。

定居荷兰

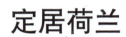

1628 年下半年，笛卡尔带着简单的几件行李，离开了法国。

10 月初，笛卡尔抵达荷兰。据说，他喜欢这里凉爽宜人的气候，喜欢这里安安静静的田园风光和与世无争、宽容轻松的氛围。事实上，笛卡尔此前在巴黎已经小有名气，所以更多推测认为，他很可能是为了躲避络绎不绝前来拜访之人才躲到荷兰去的。比起巴黎的纷繁热闹，荷兰的清净安宁似乎更适合他寡淡孤傲的心性。他在荷兰一座偏远小城租下了一间房子，房子位于当地一所大学对面的破旧城堡的城墙外面。这的确是一个隐居的好地方，一个

这是罗伊斯达尔最著名的荷兰风景画。在这个充满童话色彩的国度里，笛卡尔定居达 21 年之久。在此期间，笛卡尔对哲学、数学、天文学、物理学、化学和生理学等领域进行了深入的研究，并逐渐形成自己的思想。他的主要著作几乎都是在荷兰完成的。

喜欢隐居的笛卡尔不喜欢被外界所打扰，他曾以"隐居得越好，生活得越好"为座右铭。在荷兰的20年间，他与外界的联系方式主要靠书信往来。上图为笛卡尔的亲笔信。

人口不足万人、交通又很不便利的小城市，要想找到它恐怕不是一件容易事，可这正是笛卡尔想要的。即便生活条件极其简陋，但是无人打扰，这真是再好不过。1628至1629年在那座偏远小城待的大半年里，笛卡尔过了一段与世隔绝的日子。

尽管笛卡尔在荷兰也有不少的朋友，但他似乎并不想让更多的人前来打扰自己的生活。他几乎没有告诉任何人自己在荷兰当地的具体住所，甚至包括好友米多热。然而，这样安静的生活只维持了短暂时间，从1632至1633年，他很快就有了结交的朋友，往后更是频频你来我往了。

这一时期是笛卡尔的一段繁忙时期。他每周要花一天的时间专门写信，给不同的朋友，或者是与其学术观点针锋相对者，目的只在于引起哲学讨论。他把大量的时间和主要精力放在了光学和生理学实验上面，几乎没有时间去读书。据说有一回别人向他询问，"您的图书馆在哪儿？"他竟然用手指向自己买来的，准备用于解剖研究的尸体。在离开那座小城，迁往阿姆斯特丹后，笛卡尔在给梅森纳的信中热情洋溢地介绍了自己在这一阶段的各种研究，包括声学、光学、太阳黑子、弹道、力学等诸多科学内容。

紧接着，这一时期过后不久，笛卡尔相继完成了人生中几本重要的经典之作。1629年，他写了《思维指南录》一书。在这本书中，他概述了自己的思想道德准则。但据说此书从未完稿，可能从未有过公开发表的打算，所以直到笛卡尔去世五十多年后，这本书的第一版才问世。此外，他还写了在物理学领域涉猎广泛而颇具前瞻性的《论世界》，以及有关生理学和解剖学的名为《人论》的论文集等。在此期间，笛卡尔频频与好友梅森纳保持书信联系，向对方透露自己的思想进程。与此同时，他与另一位曾经被他奉为"精神导师"的朋友比克曼的友谊却发生了危机，原因不过是因为后者在与笛卡尔的其他知己的谈话中，流露出

笛卡尔的著作《思维指南录》

了自己曾身为笛卡尔导师的言辞。这让这位高傲的数学家火冒三丈，他甚至再三向昔日的精神导师索要曾经作为礼物赠送给对方的论文手稿。

1633 年，就在《论世界》完稿前夕，笛卡尔得知了伽利略因证实了哥白尼的假说而被宗教法庭宣判有罪的消息。这一年的 4 月，伽利略在罗马接受了宗教裁判所的审判；6 月下旬，在巨大的压力之下，他被迫放弃了自己的学说。在巴黎梅森纳一群人的小圈子里，人们听到的消息只是说罗马在进行一场审判。11 月底的时候，笛卡尔还没有誉清自己的论文，这与他答应梅森纳的时间已经时日不多了。为了表示他不失信于朋友，笛卡尔打算将手稿的一部分先给梅森纳寄了过去，作为新年礼物。这个时候，他突然想起了伽利略和他的那本著作《对话》。于是，他四处派人在莱顿（荷兰城市名）和阿姆斯特丹打听这本书哪有卖的。直到此时，他才知道了伽利略入狱的消息。

为了躲过可能面临的与伽利略相同的牢狱之灾，笛卡尔相当谨慎小心地掩藏起了自己的思想著作，因为在这本书里他捍卫了哥白尼的日心说。伽利略被捕的消息对笛卡尔产生了重大影响，以致他决定不再出版自己正在撰写的著作。在给朋友梅森纳的信中，他这样说："这一事件严

世界大数学家成功故事

油画《审判伽利略》。1633 年，伽利略因支持哥白尼的"日心说"遭到了教会的审判，这件事使笛卡尔大受影响，他的《论世界》一书在他生前也因此一直没有出版。

笛卡尔1637年出版的《方法论》书影。

重影响了我，使我几乎焚毁书稿，或者至少以后我不会再向任何人出示我的作品。"

1637年6月，在宗教改革氛围相对比较宽松的荷兰，在朋友们的盛情邀请下，笛卡尔匿名出版了自己最负盛名的著作《正确思维和发现科学真理的方法》，哲学史上简称这本书为《方法论》。《方法论》一书用法文而不是拉丁文写成，所以一切有文化的人都可以通读，包括没有学过古典语言的人。在《方法论》中附有三篇论文，分别是《折光学》《气象学》和《几何学》。此外，他还特意为此做了一篇序言，在这三篇论文中，笛卡尔给出了用自己的方法做出发明的例子。

《方法论》一书在莱顿出版期间，笛卡尔不时从某个偏远的城市来到这里监督印刷工作。由于他的行踪总是飘忽不定，以致当地人们误以为他是个"每日深居简出，极少露面的怪人。"而那些熟悉并了解他的人对此心知肚明，因为他长期生活在这个国家，又总是躲在某个偏僻的角落隐居，大家还戏称他为"偏僻先生"。但是法国哲学家克洛德·索迈兹对他评价说，"笛卡尔先生看上去是一个非常正派的人，而且容易打交道，他被认为是一个稀世奇才。"

笛卡尔在荷兰海牙的一座雕像。

《方法论》在莱顿出版后，1637年底开始在巴黎发售。在此期间，笛卡尔将自己的著作分别寄给了当时的法国国王路易十三、法国和罗马教廷的几位主教大人，以及他在拉弗莱希上学时的3位老师。然后，他辗转到了荷兰一座海滨城市，开始了人生中一段难得的幸福时光。在此之前，据说他曾和一位叫海伦的女子同居，并且有了一个女儿。初为人父的笛卡尔带着他们出生不久的女儿和他的情妇，在这座偏僻的城市享受着天伦之乐。同时，他仍然不断给身在巴黎的梅森纳写信，向对方打听国王和主教们对其著作的看法。

失望和打击一个接一个地通过信

件传来,笛卡尔的希望逐渐破灭。他从失望渐渐感到生气、愤怒,不屑、嗤之以鼻,因为那些审查者对他的著作没有兴趣,也根本提不出在他看来任何像模象样的意见。1638年,在笛卡尔给梅森纳的信中,他说:"对我的诽谤只能叫我越来越痛快了,因为它们越来越荒诞……我敢说,他们根本没有勇气审查我的几何学,他们不懂。"在随后的信中,他又有些赌气地说:"再也没有比巴黎的空气更让我烦心的了……只要能允许我按照自己的方式生活,我就要永远待在乡下,待在不受人打扰的地方……这也是我离开故国来到这个国家的理由,我在这里已经习惯了,再也不想换换环境。"

然而最坏的事情还没来。

笛卡尔在一次次的回复答辩中,恼怒与日俱增,他不断在信中抱怨,火爆的脾气终于忍无可忍,爆炸了! 1638年10月,他最终厌烦了这场闹剧,在给梅森纳的信中,他说:"我再也不想给他们任何答复了,他们的几何学我受够了……因为我现在彻底清楚了,他们的智力不过如此。"笛卡尔首先退出了这场辩论,截至此时,他已经为此浪费了一年多的时间。这时距离他的《方法论》出现在法国公众面前,不过才13个月。在这样的争论中,他败下阵来,随之而来的是一片质疑之声。连他的父亲也在埋怨:"他是我所有子女中,唯一令人不满的一个。他竟然把自己搞成了可笑的众矢之的!"

尽管面临着质疑,但笛卡尔仍然拥有少数忠实的信仰者。他一生很少看书,大多数的成就都是通过实验和推理得来的,这在常人想来多少有些不可思议。笛卡尔一生忠诚地信仰上帝,为了证明自己的虔诚,1640年,笛卡尔完成了他的另一著作《冥想集》。在这本书里,他总结了过去十余年的思想成果,试图用形而上的方式证明上帝的存在。为了出版此书,他决心前往莱顿。临行前,他把海伦和快满5周岁的女儿一起送往阿姆斯特丹,要她们在那里等待他的新作出版。

然而,他万万没有想到,这一次竟然是自己和女儿的永别。女儿的不幸夭折带走了人到中

克里斯蒂娜(左)与笛卡尔(右)

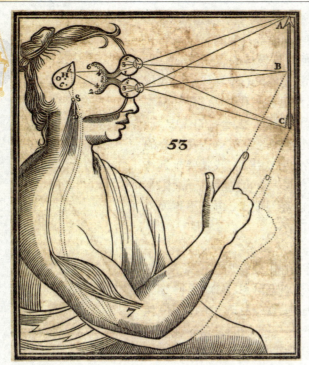

↑ 笛卡尔《光学》论文中对人眼进行光学分析的示意图。

年的笛卡尔的幸福,让他深受打击,不胜悲痛。随之而来的,是从巴黎传来的父亲病逝的消息。笛卡尔的悲痛也许是深埋在心底的,尽管在与朋友的通信中,他对此保持缄默,几乎片言未提,其淡然冷漠的态度一度让人以为他无动于衷。可是,谁知道呢,一个人的悲痛有时候是并不会流露给别人看的。

在失去女儿以后,人生最后的十余年里,笛卡尔继续着他寡居的清淡生活。据说,他后来又义无反顾地爱上一位比他年轻二十多岁的贵族小姐,经历了一段长期难以自拔的精神折磨。这段痛苦而难忘的日子直到另外一个女人出现,她向他伸出了援手,将他拉出了苦海。1649 年,尊贵无上的瑞典女王克里斯蒂娜因为仰慕笛卡尔的才华,派出一艘军舰将他邀请到了斯德哥尔摩。在那个寒风刺骨的冬天,从小就爱睡懒觉、留恋温暖被窝、畏惧寒冷的法国人不得不每周三次在凌晨时分,奉命来到王宫,给他这位忠实的拥护者讲授哲学。数月之后,1650 年初,笛卡尔在这片"熊、冰雪与岩石的土地上",因为肺炎复发,不幸逝世。

怀疑论者和解析几何

笛卡尔被认为是一个彻底的怀疑论者,这似乎与他从小形成的独立思考习惯有关。他怀疑一切,学校里教的一切,他的所有最崇高的信仰,所有的常识观念,甚至外部世界的存在,连同他自己的存在,等等。总之,他怀疑所有能怀疑的一切。为了建立一种新的能够获得可靠知识的途径，他做了长期的准备工作。最终，他用形而上的哲学观点，经过一系列创造性的推论，证明出了自己满意的结果，并提出了那个一鸣惊人的哲学经典语录——"我思故我在"。这个思想旨在"强调不能怀疑以思维为其属性的独立精神实体的存在，并在这个认识的前提下，去论证独立物质实体的存在。"它的提出，被认为是笛卡尔学说的起点。

笛卡尔认为，人的心灵基本上是健全的，是获得真理的唯一手段。"因此，他对待上帝的态度是可疑的。而在思维或方法论上，笛卡尔则是一个彻底的怀疑主义者"。在他看来，怀疑是一种必要的手段，是哲学和心理学方法中的一个工具。他甚至指出："怀疑是一门艺术，它使我们脱离感觉的影响获得解放。"当笛卡尔指引我们，在问自己的老师"什么是知识"时，同时也会想到另外一个问题"我怎么知道是对是错"，我们就已经开始了怀疑。正是在这种怀疑精神的引导之下，我们的思想才会摆脱既有看法的束缚，才会产生新的创造性的见解，从而更好地去探寻世界的本质。

有人说，笛卡尔一生最主要的成就，是一本著作和三篇论文，即他的《论世界》和《方法论》中的三篇文章。这个说法未免有些言不符实，笛卡尔一生或许著述不多，但绝不仅限于此。但是，仅就最主要的成就来说，《论世界》和《方法论》则确实代表了他的最高成就。尤其是《方法论》中的三篇文章，更是集中了他在科学方面的思想结晶。

费尔马，法国著名数学家，有"业余数学家之王"的称誉。他与笛卡尔共同分享了创立解析几何的荣誉。

第一篇《光学》论文中，笛卡尔运用自己的方法理论和实验，独立提出了光的折射定律（这个定律在此之前就已经被荷兰数学家威勒勃劳德·斯涅尔发现）。除此之外，他还对人眼进行光学分析，解释了视力失常的原因是晶状体变形，设计了矫正视力的透镜。在《气象学》一文中，他用现代的观点，探讨了云、雨、风的形成，正确解释了彩虹的形成原理，同时他还在文中提出了热是一种内在运动形式的观点。第三篇《几何学》里概括了他所有成就中最重要的一项贡献——解析几何的理论。解析几何体系的问世，被认为是数学发展史上的一大进步，它的出现为牛顿和莱布尼茨分别建立微积分开辟了道路。

值得一提的是，与笛卡尔同一时期，比他小几岁的另一位法国数学家费尔马，几乎也在笛卡尔差不多的时间独立创立了解析几何，不过他的成果对外发表的时间比笛卡尔稍晚些。对于费尔马的才华，尽管笛卡尔也曾因为费尔马的成果比自己稍早一些而有所不悦，但在他写给友人的一封信中，他仍然对费尔马给予了较高的评价。

《几何学》里的成果集中体现了笛卡尔的数学思想，他所创立的平面直角坐标系，宣告了解析几何的诞生，这也成为笛卡尔在数学领域的最突出成就。西方的数学，自从欧几里得的《几何原本》问世，几何就在数学这块领地占据了主导地位。尽管毕达哥拉斯学派的数的统治思想曾经盛极一时，后来西方也逐渐形成了自己的代数学，但数与形之间的关系始终是被割裂开，相互独立的。直到笛卡尔的时代之前，几何与代数仍然是被看成数学中两个不同的研究领域，并且几何学的思维在数学家头脑中比代数更胜一筹。笛卡尔时代的到来，改变了这一现状。

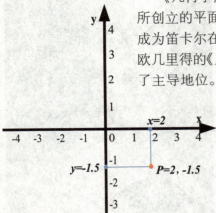

笛卡尔创立的直角坐标系。他用平面上的一点到两条固定直线的距离来确定点的位置，用坐标来描述空间上的点。

他站在方法论的自然哲学的高度，提出了自己的观点。在笛卡尔看来，欧洲由希腊人继承过来的几何学过于依赖图形，这极大束缚了人的想象力。而当时广为流行的代数学，又完全从属于公式和法则，不具备自己独立的特性，因而无法进化成一门能够促进并提高人类智力的科学。他根据自己的方法论，设想出一种能够将几何与代数有效结合起来，把几何的问题归结成代数形式的问题，用代数的方法进行计算、推导和证明，最终达到解决几何问题目的的"真正的数学"。据此，他建立了平面直角坐标系。

在他的平面直角坐标系上，每一个点都可以用它到两条纵横垂直相交的固定直线的距离来确定它的位置所在，这种思想简单地说就是用坐标来描述空间上的点。如果能够确定一个点的坐标，那么这个点的位置就被固定了。

在这里,所谓的坐标实际上是通过代表这个点到两条直线的距离的两个实数来表示的。也就是说,凡是处在这个坐标系里的所有的点都可以由其相对应的两个数字,即坐标来表示,反过来也可说是任意组合的两个数字都可在这个坐标里找到其所对应的点。这个非同寻常、石破天惊的天才构想,在当时保守的经院学派看来,简直是异想天开。尽管他们有诸多的不愿意去承认这个事实,并且百般刁难和阻挠笛卡尔思想的散播,但仍然有不少开明者认识到了这一成就的前瞻性。

在这个平面直角坐标系的基础之上,笛卡尔创立了解析几何学。从此以后,几何问题不仅可以归结成为代数形式,而且可以通过代数变换来发现几何性质,证明几何性质。至此,自古希腊以来的,相互对立着的数字与图形实现了一次精准而完美的结合。难能可贵的是,笛卡尔还认识到了运动的观点,把曲线看成是点的运动轨迹,建立了点与实数、曲线与方程的对应关系。这种对应关系的建立,标志着函数概念的萌芽,它预示着一个数学思想史上的伟大转折的到来——由常量数学进入变量数学的时期。笛卡尔的这些成就,为后来牛顿、莱布尼茨发现微积分指明了道路,为后继的一大批数学家的新发现开拓出了一条全新的道路。

🔺 解析几何的出现,为微积分的创立奠定了基础,从而开拓了变量数学的广阔领域。正如恩格斯所说:"数学中的转折点是笛卡尔的变数。有了变数,运动进入了数学,有了变数,辩证法进入了数学,有了变数,微分和积分也就立刻成为必要了。"

🔻 笛卡尔的哲学与数学思想对历史的影响是深远的。人们在他的墓碑上刻下了这样一句话:"笛卡尔,欧洲文艺复兴以来,第一个为人类争取并保证理性权利的人。"左图为位于法国圣日耳曼圣心堂里的笛卡尔墓。

大 事 年 表

1596 年	勒奈·笛卡尔出生在法国一个贵族家庭。
1606 年	进入拉弗莱希贵族学校读书,后在此接受古典式教育。
1613 年	到普瓦捷大学学习法学。
1618 年	志愿加入荷兰军队,开始行伍生涯。在荷兰期间,结识了导师比克曼。
1619 年	随军来到德国,同年 11 月 10 日,在冥思苦想不得结果之际,做了一段奇异的梦。后来,这一天被认为是其思想的转折点,还有人提议将这一天作为解析几何的诞生日。
1621 年	脱下军装退伍。
1622 年	回到巴黎。开始和哥哥、姐姐清理家庭财务问题,并接收了母亲名下属于自己的遗产。在此期间,结识了另一位好友兼精神导师梅森纳。
1623—1626 年	迫于国内压力,离开法国继续游历欧洲,并前往意大利参观教皇加冕典礼,在此居住了两年。
1626 年	再回巴黎。
1628 年	离开巴黎,移居荷兰,此后在荷兰居住了二十余年。在此期间,完成了《思维指南录》《论世界》《人论》等著作。
1637 年	完成著作《方法论》,并在莱顿匿名出版。同年底,该书在巴黎开始发售。
1640 年	完成另一著作《冥想集》。
1649 年	受瑞典克里斯蒂娜女王之邀,前往斯德哥尔摩。
1650 年	因肺炎在斯德哥尔摩不幸逝世,终年 54 岁。

莱布尼茨

     微积分被认为是继解析几何之后，数学发展史上一次里程碑式的进步。作为一种数学思想，它引入了"极限"和变量的概念。它的出现，使人们能更好地运用数学这种抽象方法描述我们身处的世界，以及那些用代数理论无法解释得清的运动现象。

     德国数学家莱布尼茨正是这门伟大学科的创立者之一。17世纪后半叶，莱布尼茨和牛顿在前辈工作的基础上，分别独立建立了微积分。尽管两人的理论各有优缺点，但后世普遍认为莱布尼茨所创设的微积分符号远远优于牛顿的符号。这对微积分的发展产生了极大影响，而这些符号直到今天还在被我们广泛使用。

义无反顾的抉择

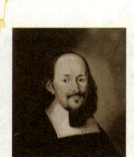

↑ 莱布尼茨的父亲

戈特弗里德·威廉·莱布尼茨,1646年7月1日出生于德国东部莱比锡城。他的父亲任教于莱比锡大学,母亲是一位法律教授的女儿,莱布尼茨可谓出身书香门第。

也许是从小受到父母的熏陶,莱布尼茨在潜移默化中爱上了读书学习。他的父亲弗里德里希·莱布尼茨在他6岁时不幸离世,但他给幼小的儿子留下了一笔宝贵的精神财富——他丰富的藏书。莱布尼茨的母亲从此一肩扛起教育儿子的重担,而莱布尼茨由此开始了和书籍的不解之缘。他广泛涉猎了古希腊和罗马的学术著作,积累了厚实的文化基础。

8岁时,莱布尼茨被送往尼古拉学校读书,学习拉丁文、希腊文、修辞学、算术、逻辑、音乐以及宗教等课程。从小开始的多语种学习,使他具备了超出一般儿童的思维能力。莱布尼茨后来在回忆中说,幼年时,他就能每天用拉丁文写下300句圣诗,而且不漏掉一个字母。1661年15岁的莱布尼茨进入莱比锡大学学习法律,在大学里听了教授讲授的欧几里得的《几何原本》,从此对数学产生了浓厚的兴趣。17岁时,他在耶拿大学有过一段短暂的数学方面的学习,并得到数学家特雷维和魏格尔的指引和教导。在这里,他的思想发生了重大变化。17世纪,德意志国家落后分裂的现状以及新毕达哥拉斯主义的影响,使这个17岁的青年在思想上产生了巨大的动荡,这为他日后在哲学和自然科学领域的突破奠定了思想基础。

1664年初,莱布尼茨以论文《论法学之艰难》获得哲学硕士学位。但时隔不久,他的母亲离开了人世,这一年他18岁。虽然母亲已过世,但其深深影响了莱布尼茨的思想和性格。

↑ 青年时代的莱布尼茨

1665年,年仅19岁的莱布尼茨向莱比锡大学提交了他的博士论文《论身份》。但是,审查委员会以他太年轻而拒绝授予他法学博士学位。莱布尼茨因此愤然离开莱比锡,转而前往纽伦堡附近的阿尔道夫大学。1666年,他在

位于德国萨克森州的莱比锡大学创建于1409年,是欧洲最古老的大学之一,莱布尼茨、歌德、尼采、历史学家兰克、让·保罗等名人都出自这所历史悠久的名校。

阿尔道夫大学获得法学博士学位,并被聘请为该校法学教授。

同年,莱布尼茨发表了他的首篇数学论文《论组合术》。在这篇文章中,莱布尼茨试图用数学推理的方法证明,理论的真理性应当归结于数学计算之功。这篇文章是莱布尼茨作为数理逻辑创始人向世界发出的先声,尽管此文难称大师之作,但瑕不掩瑜,它终归没能遮蔽这位年轻学者的锋芒。他的智慧之光在文章的字里行间熠熠生辉,而且这篇文章的问世似乎也预示了一个理性和科学并俱,又有着细致严谨的思维和分析能力的科学家、哲学家的诞生。莱比锡大学的教授看到了这一点,他们给予这篇论文很高的评价。

莱布尼茨的博学多识给校方留下了深刻的印象,但是,年轻人早已厌倦了封闭、单调和沉闷的学院生活。他的心里向往的是充满朝气和活力的现实世界,而不愿把自己的青春时光蹉跎在闭塞的学院大门内,尤其是那些腐朽陈旧的经院教条式的学术中。他因此毅然而然拒绝了校方向他伸出的橄榄枝,而准备投身到更加新鲜多彩的广阔天地间,去实现自己的人生价值和抱负。

在当时的一位政界人物薄因堡男爵约翰·克里斯蒂文的介绍下,莱布尼茨投身政治,开始在美茵茨选帝侯大主教的高等法庭供职,为大主教效力,并很快被提升到上诉法官陪审员的位置。得益于和这位薄因堡男爵的关系,莱布尼茨与全欧洲的有识之士建立了通信联系。与这些学者、政界人士等的交往中，他们的通信内容所谈论的话题几乎涵盖了所有领域，包括数学、法学、政治学、文学、历史学、语言学、人类学等。通过和这些人的交流，莱布尼茨自身的思辨水平、理论水平日益提升，而且大大扩展了他的知名度。

一个人的进步离不开与他人的沟通和交流，而学术上的研究更是少不了这样的相互切磋与争辩。交流使人思维严谨，视野开阔，而闭门造车只能使人作茧自缚。对这些相互往来的信件，莱布尼茨非常珍惜，其中有一千五百多封都被他细心地保留了下来。正是靠这些信件，加上大量的私人笔记和原稿，我们才对他的思想和著作以及他本人有了更多更深入的了解。

莱布尼茨在法庭供职期间，常以律师身份专门负责处理法律外交事务。由于工作之需，莱布尼茨经常在各大城镇之间往返奔波。工作的同时，他仍然念念不忘自己的数学研究。我们恐难想象，莱布尼茨乘着咯咯作响的破旧马车，匆匆地奔跑在17世纪欧洲的牛车道上，一边忍受着马车的剧烈颠簸，一边聚精会神地演算他的那些复杂公式的情景。这其中有多少为他后来的成就铺就了道路，我们不得而知，但他对数学的热爱让人油然而生敬意。

帕斯卡，法国著名的数学家、物理学家、哲学家和散文家。他发明了加法器，后来，莱布尼茨在此基础上发明了乘法器。

出使巴黎

1672年，为了阻挠法国国王路易十四入侵荷兰和西欧其他日耳曼国家，26岁的莱布尼茨奉命出使巴黎，试图游说路易十四放弃进攻计划。然而他在巴黎期间没能得见国王一面，未能向国王呈上他的进攻埃及的计划，但却得以进入巴黎知识圈。其实，莱布尼茨早在前一年即1671年就发表了两篇物理学方面的论文，并分别寄给了巴黎科学院和伦敦皇家学会，引起了欧洲学术界对他的注意。

在巴黎滞留期间，法国天才数学家帕斯卡的事迹给了莱布尼茨极大鼓舞，使他树立了在高等数学领域有所建树的决心。同一时期，他结识了哲学家阿尔诺、马勒伯朗士和荷兰数学家惠更斯，并设法接触到了法国哲学前辈帕斯卡和笛卡尔未曾公开问世的著作，其中后世出版的笛卡尔的某些著作正是源于莱布尼茨的手抄本。虽然莱布尼茨也对帕斯卡和笛卡尔的哲学体系作了一些研究，但这一时期他的主要兴趣还是集中在了数学上。

荷兰数学家惠更斯是一位很有数学天分的学者，他曾在22岁时就发表了关于圆周长、椭圆弧以及双曲线计算的理论著作，并且在概率论和微积分领域有着自己的研究成果。莱布尼茨在与惠更斯的交往中深受启发。后者帮他打开了高等数学的殿堂之门，他在惠更斯的指导下，利用业余时间潜心研究笛卡尔、费尔马、帕斯卡等人的著作，领略着高等数学独特的魅力。也正因为如此，在巴黎的这段时间被认为是莱布尼茨在数学领域"发明创造的黄金年代"。在此期间，他开始在头脑中构筑他的微积分理论大厦的基本特征，并在以后长期研究中一直致力于这种方法的创新。

↑惠更斯，荷兰物理学家、天文学家、数学家，他是介于伽利略与牛顿之间一位重要的物理学先驱，是历史上最著名的物理学家之一。他对力学的发展和光学的研究都有杰出的贡献，在数学和天文学方面也有卓越的成就，是近代自然科学的一位重要开拓者。

1672年10月，美因茨选帝侯去世，莱布尼茨失去了职位和薪金，他只能依靠做家庭教师维持生计。他四处寻找门路，以期谋得一个外交官之职，后来又寄希望于法国科学院，期待能在此获得职位，但均未成功。无奈之下，莱布尼茨接受了汉诺威公爵约翰·弗里德里希的邀请，转而为这位汉诺威公爵效力。

1673年1月，莱布尼茨奉命前往英国伦敦，此行目的是促成英国与荷兰之间的和解。与之前巴黎之行的结果大同小异，莱布尼茨斡旋未果。但是，趁着这次出使之际，他和英国学术界一些知名学者建立了联系。除了见到和他已经有了3年通信交往的英国皇家学会秘书、数学家奥登伯，他还结识了物理学家胡克、化学家波义耳等人。1673年莱布尼茨被推荐为英国皇家学会会员，通过与来自不同国家诸多学者之间的交流与学习，他在数学和自然科学方面表现出了愈加浓厚的兴趣。

发明乘法演算器

莱布尼茨曾经系统阐述了二进制计数法,他还是现代计算机器的发明先驱者之一。

16至17世纪是欧洲科学技术迅猛发展的一个时期,天文和物理学上的进步为数学的发展带来了动力。1642至1644年间,帕斯卡发明了一种加法器,这被认为是世界上最早的计算器。帕斯卡逝世后,莱布尼茨发现了一篇由帕斯卡亲自撰写的论述"加法器"的文章,这大大激发了他的发明欲望。1672年,莱布尼茨获得了一个好机会,美因茨帝选侯派他出使巴黎。莱布尼茨认为这是一次把他的计算器转化为现实的契机,于是一到巴黎,他就找到一些著名的能工巧匠和机械设计方面的行家里手,开始打造他的计算器。

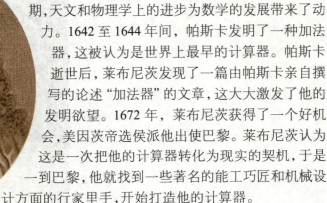

↑ 莱布尼茨像

在他的指导下,一台更加完善的机械计算机问世了,莱布尼茨将他的这项发明叫"乘法器"。他的"乘法器"基本上脱胎于帕斯卡的计算器,是一个约1米长,内部装有一系列齿轮机构的大家伙。莱布尼茨在帕斯卡计算器的基础上,为它增添了一种叫"步进轮"的装置。步进轮是一个长圆柱体,其表面开有9个锯齿状的槽口;它的旁边另有一个小齿轮可以沿着轴移动。在小齿轮的移动过程中,它的槽口会依次和步进轮的槽口相啮合。当小齿轮转动1圈时,步进轮会根据它与小齿轮啮合的齿数,转动1/10圈;当小齿轮转动2圈时,步进轮会转动2/10圈……一直持续到9/10圈。莱布尼茨的改进,使他的这个手摇柄计算器不仅能够重复地做加减法,还能进行乘、除以及开方运算。

1673年,莱布尼茨前往英国皇家学会,并把自己的新发明带在身边。这个计算器引起皇家学会极大兴趣,莱布尼茨自然也十分高兴,他甚至还想着用一个刻有"超人"字样的纪念章来纪念自己的发明。这个乘法器为人们节省了相当大的劳动,在会计、管理、测量、科学研究以及数学

莱布尼茨发明的乘法器

用表制作等方面发挥了重要作用。它不仅提高了这些领域的工作效率，还有效提升了工作的精确程度。这在当时的社会环境下，其产生的巨大意义是我们今天所难以想象的。大家知道，我们现代意义上的电子计算器是在20世纪的40年代中期才出现的。幸运的是，莱布尼茨所发明的这些计算器中，有一个很幸运地被保存了下来，现在存放在汉诺威国家图书馆中。

因为所处时代和科技水平的局限，莱布尼茨发明的乘法器采用的仍然是十进制，但他率先为计算机的设计系统地提出了二进制的运算法则，为计算机的现代发展奠定了坚实的基础。

建立微积分

莱布尼茨被誉为是"德国的百科全书式的天才"，他最为人熟知的成就是和牛顿分别独立创立了微积分。

16至17世纪，欧洲的资本主义生产空前发展，生产力迅速提高。伴随机械的大量应用、航海事业的发展，面临的新问题也层出不穷。实际生产中的问题迫切要求物理学、力学、天文学等基础学科的发展，而这些学科则倚重数学这门工具学科来提供更为先进的研究方法。然而，当时经院哲学盛行的欧洲主流学术界显然难当重任，一些醉心于自然科学领域的业余研究者却纷纷冲破藩篱，开辟出了一条条独特的通往科学真相的途径，并取得了这一时期最辉煌灿烂的学术成果，莱布尼茨就是这样的成功者之一。

↑1675 年莱布尼茨数学笔记中关于微积分的记载。

关于微积分的思想,最早可以追溯到古希腊时期阿基米德等学者提出了计算面积和体积的方法理论。但是,直到莱布尼茨和牛顿之前,学者们都是将微分和积分作为两种不同的数学运算方式、两类不同的数学问题来单独研究的。和莱布尼茨、牛顿几乎处于相同时代背景下的意大利数学家卡瓦列里、英国数学家巴罗、沃利斯等人,虽然也通过一系列的求面积(积分)、求切线斜率(导数)的研究获得了一些重要结果,但这些结果都各自独立,且互不连贯。莱布尼茨和牛顿在这些前辈的研究基础上,找到了微分和积分二者之间的内在联系:它们是两种互为逆转的运算,而这个发现正是建立微积分的关键。牛顿于 1665 至 1666 年间建立了自己的流数学理论,即他的微积分学;莱布尼茨在 1673 至 1676 年也独立创立了微积分。虽然牛顿的学说比莱布尼茨早了 10 年,但莱布尼茨比牛顿早 3 年公开发表了自己的学术著作。

1635 年,卡瓦列里出版了《不可分连续量的几何学》一书,他在书中用不可分量制订了一种形式简单的微积分,而法国数学家费尔马在求函数的极大和极小值时,也得出了接近于微积分的计算结果。但莱布尼茨关于微积分思想的最早记录,则出现在他 1675 年的数学笔记中。他在研究巴罗的《几何讲义》过程中发现,微分和积分存在着互逆关系。他同样从几何学的求积和球切线问题出发,提出了自己的微积分理念。在莱布尼茨的微积分理论中,他把微分看成是变量相邻二值的无限小之差,而积分则被看成是以变量分成的无穷多个微分之和。

1676 年 10 月,莱布尼茨离开巴黎。他在伦敦逗留了短暂时间,继而前往荷兰。在荷兰期间,他见到了生物学家列文虎克和哲学家斯宾诺莎,和这两位学者的交流让莱布尼茨在哲学领域获益匪浅。1677 年 1 月,莱布尼茨抵达汉诺威,担任布伦兹维克公爵府法律顾问兼图书馆馆长,此后汉诺威成为他的永久居住地。在繁忙的工作之余,莱

布尼茨仍然坚持在哲学和各种学科领域的研究。他博览群书,集思广益,1682年与门克共同创办了在近代科学史上颇有影响的拉丁文科学杂志——《教师学报》。

1684年,莱布尼茨发表了一篇题目冗长又奇特的文章《关于极大极小以及切线的新方法,它也适用于分式和无理量,以及这种新方法的奇妙类型的计算》。这是他的第一篇关于微分学论文,同时也被认为是历史上最早公开发表的关于微分学的理论文献。这篇仅有6页的文章,虽然被评价为内容空洞、说理含糊,但却具有划时代的意义。在这篇论文中,莱布尼茨介绍了微分的定义,函数的求和、求差以及乘、商和乘幂的微分法则,论述了一阶微分不变形式的定理,二阶微分的概念,以及微分学在研究极值、求切线、求曲率和拐点等方面的实际应用价值。1686年,莱布尼茨又发表了关于积分学的著作。1694年,又发表了积分常数的相关论文。

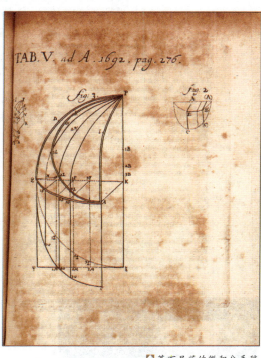

🔺 莱布尼茨的微积分手稿

微分学作为一门数学门类,它的诞生却始于人们在物理学研究中的一个问题。当时的物理学家在对非匀速直线运动进行研究时发现,运动中的质点,其瞬时速度与质点本身在平面曲线上任意一点处的切线方向之间,存在着某种相互关联且互相影响的变化关系。因为缺乏一种有效的数学方式把这个关系客观地描述出来,物理学家们也束手无策。微分学的问世,帮助人们解决了这一问题,同时也向人们提供了一种在日后解决类似问题时,来确定某一量在任一瞬间变化比率的一般方法。由于在这个一般方法中,这个量在和另一个量的相互关系中是连续变化的,因此它被看成是另一个量的函数。特别值得一提的是,第一个在现代意义上使用变量的函数一词之人,正是莱布尼茨。

符号逻辑之梦

关于莱布尼茨和牛顿究竟是谁先建立了微积分,在经历了纷纷扰扰的争吵之后,现在人们已经普遍承认这是他们分别独立创造的成果。数学是一门基础的工具学科,几乎所有的自然学科都需要借助数学这条路径抵达自己的科学巅峰。微积分实际上也是一种方法论,在微分和积分互逆关系上建立起来的微积分,是一套从对各种函数的微分和求积公式中总结出共同的计算方法和程序,使微积分方法普遍化并发展成用主要符号来表示的微积分运算法则。所以,符号是微积分的主要因素,运动和极限是微积分的灵魂所在。

牛顿在他的微积分中将变量称为"流",把变量的变化率称为"流数",他的微积分也因此被称为"流数"。这一点也正好体现了牛顿作为伟大的物理学家的特征,他从物理学的角度出发,运用集合的方法研究微积分,在他的微积分理论中,更多结合了运动学,这也成为他的理论较莱布尼茨的优势所在。而莱布尼茨则从几何问题出发,运用分析学方法建立起微积分概念及其运算法则,其理论在数学的严密性和系统性上又胜过牛顿。除此之外,莱布尼茨煞费苦心,精心挑选的用于他的微积分理论的各种符号,也为他的理论锦上添花。

莱布尼茨被认为是数学史上最伟大的符号学家。在创建他微积分学说的过程中,特别是在那些精巧的符号上他花费了不少时间。他自觉而审慎地引入每一个数学符号,经常是在对各种符号进行长期和反复的比较研究后,再选择那些他认为最合适的、最富有启示性的符号。在莱布尼茨本人看来,好的符号不仅可以起到速记的作用,而且能够使数学公式和数学理念的表达更加严密、准确,使人印象深刻,因为用"最简洁明了的少量符号来表词达意能够更接

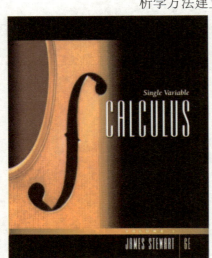

莱布尼茨创设的微积分通用符号简单方便,一直到现在都被数学界广泛使用。

近于事物本质"。但最根本的一点，是它更有效地解放了人类的大脑，让人们的思维更加开阔和便利。

我们现在所学的微积分学中的许多基本符号都是莱布尼茨当初所创，比如，1675 年莱布尼茨引入了 dx 表示 x 的微分，用"∫"，即一个拉长了的"s"作为积分符号，用 ddv，$dddy$ 表示二阶、三阶微分。1695 年左右，他又引用 d^mn 表示 m 阶微分。除此之外，他还创设了对数、函数、行列式等符号，在他的大力倡导和密切关注下，"函数""常量""变量""参变量"等术语也被大量引入到学术研究中。

有人说，莱布尼茨在数学上的最大贡献也许并不是他建立了微积分，而是他所创设的一套适用的微积分符号。现代计算机的发明及其普遍应用，是数学符号在思维领域的一大创举。莱布尼茨很早就认识到了数学符号给人类思维带来的极大便利，认为运用符号是数学取得成功的关键之一，所以他一生都在探索和研究一种建立在数学符号上的科学方法。这既是一种获得知识的方法，也是人们用来再发明、再创造的方法。

莱布尼茨在建立微积分的过程中把自己的这一理念贯穿始终。尽管在他和牛顿究竟是谁先建立了微积分这一问题上，英国人和德国人彼此争吵了上百年；尽管人们认为他和牛顿的理论各有所长，各有所短，但后世仍然有

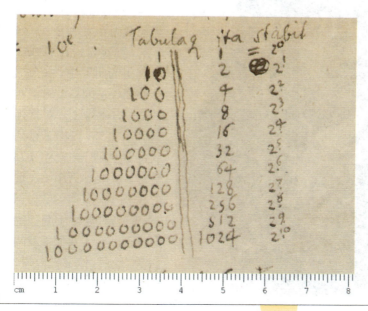

▶ 莱布尼茨二进制系统

一个普遍的观点，那就是他的符号的确要优于牛顿的发明。

外界的争吵和纷扰未能影响莱布尼茨对于科学研究的无私，尽管他本人直至去世后的几年都一直遭受冷遇，英国学者更因为尊崇牛顿而不屑采用莱布尼茨更为优越的微积分符号，但莱布尼茨本人却给予了牛顿很高的评价。1701年，在参加柏林宫廷的一次宴会上，普鲁士国王腓特烈向莱布尼茨询问他对牛顿的看法。莱布尼茨回答道："在从世界开始到牛顿生活的时代全部的数学中，牛顿的工作超过了一半。"大师的胸襟与公正无私，在一句话中一览无遗。

卓越的数学成就

莱布尼茨的数学成就，除了微积分，还涉及了众多领域。他在1678年前就开始了对线性方程组的研究，在他给洛必达的一封信中，他曾列出了3条相异直线的方程组。后来被证明，这个方程组正好是三阶行列式的展开式，这也被认为是数学史上行列式的最初起源。在对线性方程组的研究中，莱布尼茨站在理论的高度对消元法进行了探讨，并对行列式做出定义，提出了行列式的某些理论。从1673年起，莱布尼茨开始在他的手稿中使用"函数"一词，但当时他赋予函数的意义远非今天我们理解的函数。此后，他又把变量、常量、参变量等术语引入

莱布尼茨在数学方面的成就是巨大的，他的研究及成果渗透到高等数学的许多领域。他的一系列重要数学理论的提出，为后来的数学理论的发展奠定了基础。

数学领域。在对笛卡尔、费马等人著作的研究中，莱布尼茨还就笛卡尔等建立起来的解析几何提出了自己的改进意见，并在此基础上，分别提出了坐标和纵坐标的名称。

1679年，莱布尼茨在他的《几何特性》一书中，研究了他自己的"位置几何学"，并在和惠更斯的通信中，进一步率先表述了"组合拓扑"的思想。拓扑学最早被称为"位相分析学"，这一名称就是由莱布尼茨提出的。这个理论在后来学者的不断补充和深入研究中，已经发展成为一门重要的数学分支，从哥尼斯堡七桥问题、多面体的欧拉定理、四色问题等数学史上的著名论题，到爱因斯坦广义相对论中"弯曲的宇宙空间"等理论，它们几乎都和拓扑学有着一脉渊源。作为拓扑学发展史上的一名重要的贡献者，莱布尼茨的名字将像夜空的星星，闪耀着永恒的光辉。

除此之外，莱布尼茨还在微分方程、微分几何、某些特殊曲线(如悬链曲线)的研究上都作出了贡献。他曾就负数和复数的性质进行过深入思考，得出复数的对数并不存在、共扼复数的和是实数的结论。在后来的研究中，他更进一步证明了自己这个结论的正确性。此外，莱布尼茨还创立了符号逻辑学的基本概念。

二进制数的发现是莱布尼茨一项不能不提的成就，他在老师魏格尔的著作《四象数》的启发下，结合从中国八卦图中偶然获得的灵感，领悟到了二进制数的真谛。1700年左右，莱布尼茨相继发表了一系列有关这一理论的文章，如《论二进制级数》《试论新数的科学》《关于仅用0与1两个记号的二进制算术的说明，并附有其效用及关于据此解释古代中国伏羲图的探讨》等，这些理论的问世为后来的计算机理论及控制论的创立奠定了基础。

创办柏林科学院

莱布尼茨不仅是一位科学大师，还是一位热心公益事业的社会活动家。1679年年底，汉诺威的布伦兹维克公爵约翰·弗里德里希突然去世，其弟奥古斯特继任爵位。这一次，莱布尼茨没有像美因茨选帝侯去世那次失去工作，新公爵的夫人是他哲学学说的一位忠实的支持者,在公爵夫人的劝说下,他被保留了原职。

奥古斯特有着勃勃野心,一心想成为整个德国举足轻重的人物。为此,他交给莱布尼茨一个任务。他要莱布尼茨写一部关于他们家族近代历史的著作,莱布尼茨接受了重任。但是,当地有限的一些档案材料远远不够写出一部家族史,莱布尼茨需要进行更广泛的历史研究与调查,于是他向公爵请求在欧洲进行一次游历。

1687 年 11 月前后,莱布尼茨从汉诺威出发,于次年初夏抵达维也纳。在查找档案之余,他把大量的时间花在了结识学者和社会名流之上。他为奥地利皇帝利奥波德一世描绘了一幅经济和科学领域的发展规划蓝图,让这位奥地利皇帝印象深刻。他试图在奥地利宫廷中谋一职位,但直到数年之后才得到肯定答复,而他请求在奥地利建立一个"世界图书馆"的计划也最终成为泡影。莱布尼茨大失所望,离开维也纳后,他先抵达威尼斯,然后去往罗马,并在罗马收获了一件喜事——他被选为罗马科学与数学科学院院士。1690 年,莱布尼茨回到了汉诺威。因为撰写布伦兹维克家族史书有功,他获得了枢密院顾问官职务。

长期以来,欧洲学者们各自独立从事科学研究费时费力又收效甚微的现状,让莱布尼茨深感忧虑。在 1700 年世纪之交大变革时期,莱布尼茨萌生了一个念头。当时他的祖国德国还没有自己的科学院,而同一时期的英国则有着自己的皇家学会,法国有自己的科学院。这些机构是各个领域的科学爱好者进行学术交流的平台,不但吸引了本

由于莱布尼茨曾在德国汉诺威生活和工作过十多年,并且在汉诺威去世,为了纪念他和他的学术成就,2006 年 7 月 1 日,也就是莱布尼茨诞生 360 周年的纪念日,汉诺威大学正式改名为汉诺威莱布尼茨大学。

国学者的关注,也引来了不少外国学者的加入。科学院的好处在于它为学者提供了共同探讨的环境、氛围和机会,这里是人才的集中地,经常迸发出智慧的火花。莱布尼茨认识到了这一点,他开始热心地从事于科学院的筹划和建设事务,在社会上大力呼吁集中人才从事科研、文化和工程技术,从而更好地服务于社会,更好地建设国家。

从 1695 年起,莱布尼茨就一直为筹建柏林科学院四处奔波,到处游说。他两次亲自前往柏林游说普鲁士国王腓特烈一世,最终赢得了国王特别是其妻子(汉诺威奥古斯特公爵之女)索菲王后的支持。在国王设立的柏林科学院基金会的赞助下,柏林科学院正式成立,莱布尼茨出任了首任院长。之后,他还被选为法国科学院院士。直至此时,莱布尼茨成为当时全世界的四大科学院:英国皇家学会、法国科学院、罗马科学与数学科学院、柏林科学院的核心成员。

↑ 索菲王后是莱布尼茨哲学学说的崇拜者,在她的帮助下,莱布尼茨促成了柏林科学院的成立。

继柏林科学院成立之后,莱布尼茨在这方面的热情没有消退反而更加高涨。1713 年初,他受维也纳皇帝的邀请,指导建立维也纳科学院。俄国的彼得大帝在其微服出访欧洲之际,也几次听取了莱布尼茨的建议。莱布尼茨的精彩论述激发了这位雄才大略的皇帝极大兴趣,他盛情邀请莱布尼茨出任自己的宫廷顾问一职。这一时期,莱布尼茨同时得到了维也纳、布伦兹维克、柏林、彼得堡等王室的重用。他也借着这个时机,积极利用自己身边的各种关系,为他编写的百科全书、建立科学院以及用技术改造社会的宏大理想宣传造势。据说,他甚至还通过传教士向当时中国清朝的康熙皇帝建议在北京建立科学院。在他的大力推动下,维也纳科学院、彼得堡科学院先后建立起来。令人感到惋惜的是,这都是莱布尼茨去世以后发生的事,他没能在生前亲眼见证自己的成绩。

"百科全书式的科学天才"

　　莱布尼茨一生孜孜不倦，勤奋过人。他广交各界人士，与上千人有过通信往来、思想交流，为后人留下了数量巨大的书信以及设计各种学科的著作和手稿，这是人类共同的宝贵财富。人们将他的遗稿分门别类整理成数学、哲学、神学、自然科学、艺术和技术等，竟然多达四十余种类，足可见其涉猎之广博。

　　除了为人熟知的数学成就，莱布尼茨在哲学、物理学上的建树也是独树一帜，见地非凡。

　　1671年，莱布尼茨发表了《物理学新假说》一文，提出了具体运动原理和抽象运动原理。他认为运动着的物体，不论其体积多么庞大抑或多么渺小，其处于完全静止状态的那一部分都将会随其一起运动。他对笛卡儿提出的动量守恒原理进行了认真的研究，并撰写了《关于笛卡儿和其他人在自然定律方面的显著错误的简短证明》一文，发表在了他创办的《教师学报》上。在这篇文章中，他提出了运动的量的问题，并详细地论证了动量不能作为运动的度量单位这一问题，引入了动能概念，这被认为是动量守恒定理的雏形。

　　物理学上的永动机问题曾引来争议无数，莱布尼茨通过自己的分析，充分证明了"永动机是不可能"的观点。他对牛顿的绝对时空观提出了反对意见，并认为"没有物质也就没有空间，空间本身不是绝对的实在性"，"空间和物质的区别就像时间和运动的区别一样，这些东西尽管有区别，却是不可分离的"，他的这一思想，引起后世马赫、爱因斯坦等人的关注。

　　材料力学方面，生活在17世纪的莱布尼茨就已经在他的《固体受力的新分析证明》一文中指出，纤维可以延伸，其张力与伸长成正比。他的这一观点也为他在材料力学上留下了闪亮的一笔功绩。

　　作为数学家，他建立了微积分；作为物理学家，他又拿起微积分这门数学工具去解决光学方面的问题。他

　　莱布尼茨是一位罕见的科学天才，他多才多艺，无人能比。为了获得一种可以获得知识和创造发明的普遍方法，他为之奋斗不已，并在探索的过程中作出许多数学上的大发现。

利用微积分中的求极值方法，推导出了折射定律，并尝试用求极值的方法解释光学基本定律。所以有说法认为，莱布尼茨的物理学研究似乎一直是朝着为物理学建立一个类似欧氏几何公理系统的目标前进的。

莱布尼茨的博学让人惊叹，这个"百科全书式的科学全才"的称谓可说是实至名归。除了数学和物理学上的辉煌成果，他还是个不折不扣的唯心主义代表人物。他曾出版了他的哲学著作《单子论》，这是一部浓缩了其主要哲学观点的作品。虽然莱布尼茨的单子论被认为是一个客观唯心主义的理论体系，不可避免地具有向宗教神学妥协的趋向，但其中仍然包含了一些合理的辩证法思想，比如万物自己运动等；而他的一些哲学名言也成为后世人公认的经典，比如他在和苏菲公爵夫人的一次谈话中所说"世界上没有两片完全相同的树叶。"

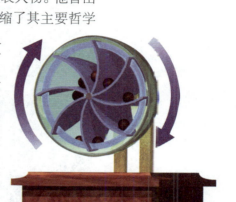

17世纪到18世纪初，人们对永动机的幻想达到了巅峰。莱布尼茨经过认真研究，证明了任何永动机都是不可能制成的观点。

作为著名的哲学家，他的"单子论""前定和谐"论及自然哲学理论等学说与其弟子沃尔夫的理论相结合，形成了莱布尼茨—沃尔夫体系，这对后来德国哲学的发展产生了深远影响。他开创的德国自然哲学经过沃尔夫、康德、歌德到黑格尔得到了长足的发展，这也将德国的经典哲学推上了一条巅峰之路。

莱布尼茨的多才多艺，纵观整个历史，几乎很少有人能与他相比，其研究之广，见地之深、之准似乎更是无人堪比。1693年，莱布尼茨发表了一篇关于地球起源的文章，提出了地球中火成岩、沉积岩的形成原因。他认为地层中的生物化石，反映了生物物种的不断发展，而产生这种现象的根本原因是自然界的变化，这一切也绝非上帝的偶然之作。他的地球成因学说，尤其是他的宇宙进化和地球演化的思想，在一定程度上促进了19世纪地质学理论的进展。

在生物学方面，莱布尼茨从哲学角度提出了有机论方面的种种观点。他认为存在着介乎于动物、植物之间的生物，后来水螅虫的发现证明了他的这一观点。

在气象学方面，他曾亲自组织人力观测过大气压和天

世界大数学家成功故事

▣1780年,莱布尼茨在同公爵夫人苏菲探讨哲学问题时,讲出了一句惊世骇俗的话:世界上没有两片完全相同的树叶。这句名言一直为中西方哲学家们所推崇。

气状况。

　　在形式逻辑方面,他对理性的真理即必然性命题、事实的真理即偶然性命题作出区分,并在逻辑学中引入了"充足理由律",后来被人们认为是一条基本思维定律。

　　他曾提出的身心平行论,与笛卡儿的交互作用论、斯宾诺莎的一元论构成了当时心理学上的三大理论。此外,他还对"下意识"做了初步的理论设想。他曾在和别人的通信中,描绘了自己的蒸汽机构想。他提出了无液气压原理,完全省掉了液柱,这在气压机的发展史上起了重要作用。作为他曾经的专业学科法学,虽然他没能在这一领域取得和数学等其他学科同等的成就,但他的思想也对法学的发展产生了一定的影响。

黯然离世

岁月不饶人,正当莱布尼茨在欧洲各个王室备受青睐之际,命运之神开始一步步把他推向生命的终点。一来他这个年龄,身体本就已经不住四处的奔波和过多的操劳,二来病魔也逐渐缠上了他,他的身体被进一步拖垮。1716年11月14日,由于胆结石引起腹绞痛而不得不卧床一周后,莱布尼茨黯然离开了人世,终年70岁。

🔼 莱布尼茨遗留的单子论手稿。

莱布尼茨终生未婚,就像他当初没有选择留在大学当教授,而宁愿投身学院外的广阔世界时所想的那样,他把一生的精力都放在了科学事业和公共事务之上。他平时从不进教堂,因此被冠以"无信仰者"的绰号。当他默默地离开人世之时,教士也以此为借口,对他不闻不问。他曾经为之效力、为之赢得荣耀和光环的宫廷也不过问,无人前来吊唁。在他弥留之际,陪在他身边、为他做祈祷的只有他所信任的大夫和他的秘书。莱布尼茨的遗体在这个冬天寒冷的深夜被悄悄埋葬在了宫廷教堂的墓地,无人来送行。丧事完毕后,他的秘书对外发出讣告,法国科学院秘书在科学院例会时向莱布尼茨这位外国会员致了悼词。他去世几十年后,汉诺威人为他建立了纪念碑;一个多世纪后,莱比锡的一座教堂附近竖起了他的一座立式雕像;两百余年后,他曾经在汉诺威的居住地,一度被毁于"二战"战火中的"莱布尼茨故居"得以修复,成为人们追寻这位科学大师足迹的地方。

🔼 莱布尼茨纪念邮票

大 事 年 表

1646 年	戈特弗里德·威廉·莱布尼茨出生于德国东部莱比锡城。
1652 年	父亲弗里德里希·莱布尼茨不幸逝世,从此与母亲相依为命。
1661 年	进入莱比锡大学学习法律。
1663 年	在耶拿大学学习一段时间数学。
1664 年	以论文《论法学之艰难》获得哲学硕士学位。不久,母亲离开了人世。
1665 年	向莱比锡大学提交博士论文《论身份》,遭到校方拒绝,未能获得博士学位。
1666 年	在阿尔道夫大学获得法学博士学位,并担任了该大学教授。同年,发表第一篇数学论文《论组合术》。
1672 年	奉命出使巴黎。在巴黎滞留期间,结识荷兰数学家惠更斯,并有幸借阅到了法国数学家帕斯卡、笛卡尔的遗作,受到二人思想影响。
1673 年	被推荐为英国皇家学会会员。
1673—1676 年	独立创立微积分。
1682 年	创立拉丁文科学杂志《教师学报》。
1684 年	正式发表第一篇关于微分学的论文。
1686 年	发表了关于积分学的著作。
1694 年	发表了积分常数的相关论文。
1695 年	开始为创立科学院四处奔走。
1713 年	受邀指导建设维也纳科学院。
1716 年	因胆结石卧病在床一周后,黯然离世。

高　斯

　　欧拉曾以十几岁的年龄进入大学，成为轰动一时的新闻。这种少年成名的天才数学家的例子，在数学发展史上似乎并不少见。在欧拉之后，一颗年轻的数学新星冉冉升起在数学的广袤天空，他就是有"数学王子"之称的德国数学家高斯。高斯不像他的同胞和前辈莱布尼茨那样出身书香门第、富裕之家，而是一位普通的泥瓦匠兼园丁的儿子。他在母亲的鼎力支持和一位好心公爵的资助下完成学业，在不到20岁的年龄取得令人羡慕的科学成果，一举成名。这位天才的数学家虽然年纪轻轻就已经摘取了数学上的累累硕果，但是他并未因此骄傲自满，依然全力以赴迎接数学领域的不断挑战。

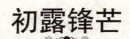

初露锋芒

　　200 多年前的德意志，在当时的欧洲各强国看来，不过是一个可以任其欺凌的对象。当时的德意志被作为欧洲强国相互征伐的主战场，就连德意志人自己也一直是各列强雇佣军的主要来源。为了生存，他们为各自效力的主人在自己国家的土地上互相残杀。公元 10 世纪，德意志国王奥托一世建立的"神圣罗马帝国"（区别于古罗马帝国），曾有过一段全盛时期。但是，到了公元 14 世纪，马丁·路德引领的宗教改革引发了 30 年战争。"神圣罗马帝国"名存实亡，德意志开始走向封建割据。此后，内战不断。直至公元 17 世纪，宗教战争结束，德意志实际已分裂为三百六十多个大小邦国和上千骑士国。

　　从 1740 年开始，奥地利哈布斯堡王朝和普鲁士王国之间的战争占据了 18 世纪的德意志历史。在普鲁士和奥地利双方间的连年战争中，战胜国普鲁士迅速崛起。到了 18 世纪后期，普鲁士国王腓特烈二世带领臣民，经过两次西西里亚战争和七年战争，夺得了富庶的西西里亚地区，为普鲁士赢得了更多的土地和资源。在腓特烈的统治之下，普鲁士的经济面貌和国家实力大有改观。1763 年，腓特烈颁布了《乡村学校规程》，规定 5 至 13 岁儿童必须接受义务教育。普鲁士因此成为世界上第一个建立了比较规范的强制性义务教育制度的国家，开启了国民教育的先河。得益于这个制度所带来的教育机会，德国由此诞生了一位在历史上熠熠闪耀的数学巨星。

　　1777 年 4 月 30 日，卡尔·弗里德里希·高斯出生在德意志北部布伦瑞克一户普通人家。他的祖父是个贫苦的农民，父亲曾做过园艺工人、包工头，给一位商人当过助手，还曾在一家小保险公司做过评估师。他识字不多，为人诚实耿直，做事认真负责、不容有任何差错。高斯的母亲是一个穷石匠的女儿，聪明直爽。可惜的是，她没

　　腓特烈以"铁血君王"著称于世，战争之外，他还重视科学和教育，他对普鲁士义务教学改革措施促进了普鲁士初等教育的发展。因而他被称为"普鲁士小学之父"。

有接受过教育，不识多少字，近似于文盲。据说她是高斯父亲的第二任妻子，34岁时出嫁，后来生下了独生子高斯。和所有疼爱孩子的母亲一样，高斯从小到大也一直备受母亲呵护。生性乐观坚强的母亲希望儿子将来能有出息，所以在看到高斯对数学痴迷以后，她就一直默默鼓励和支持儿子求学上进。尽管她真诚希望儿子能有所作为，但是当高斯真的决定要投身数学事业中时，她也不禁为他将来能否靠此养家糊口担忧起来。据说她曾向当时的数学家老鲍耶询问其对高斯未来的意见，当听到对方说高斯"将成为欧洲最伟大的数学家"时，她激动得热泪盈眶。就是这样一位平凡的母亲，在儿子的人生路途中，尊重他的选择，给予他莫大的信任和支持。高斯不负母亲期望，取得了一个又一个的数学成就。当他成名以后，他尽心竭力让母亲安享晚年。因为母亲长期患病，他常常亲自侍奉在旁，从未有过怠慢，直到1839年，母亲病逝。

🔺 布伦瑞克高斯出生地

1783年，数学家欧拉在圣彼得堡逝世。在遥远的德意志布伦瑞克，少年高斯已快到上学的年龄了。腓特烈大帝的教育政策，给每一个普通家庭的孩子提供了上学读书的机会。虽然乡村小学的条件有限，但是至少他们不会再成为和父辈们一样的文盲了。每一个数学家成长的经历都有所不同，据说牛顿在早期上学期间就表现得成绩一般、资质平平；欧拉在13岁时成为巴塞尔大学甚至整个瑞士年纪最小的大学生；而高斯则在更小的时候，就表现出了他在数学方面过人的天赋。

🔺 位于布伦瑞克的高斯雕像

他在3岁时就能帮助父亲纠正一些借债账目上的问题，这个轶闻流传至今。据说有一天，他的父亲在算账。费了一番功夫，好不容易才算出了结果，他长舒了一口气。不料，一直躲在旁边看他算的小高斯这时过来，拉着他的衣角，小声跟他说："您算错了！"当父亲的哪能被儿子指出错误呢？他有点不高兴，可是儿子清楚地给他报出了另一个数字。高斯的父亲不相信，满心疑惑地又重算了一遍，果不其然，儿子的答案才是对的！他惊讶极了。据说，高斯自己后来也曾半开玩笑地说："在我学会说话以前，就已经学会计算了。"

高斯的父母没有教过他算术，但是他的舅舅，一位头

▲1828年出版的天文学通报中高斯肖像。

脑聪明、机敏好学、技术一流的织锦缎工，给了他最初的启蒙。舅舅常常来家里做客，他十分疼爱聪慧伶俐的小外甥。高斯也喜欢围着舅舅转，让他讲故事，一起玩游戏，带他出去玩。舅舅总会有很多出其不意的新主意，让高斯心甘情愿成为他身后的小跟班。舅舅不光带着高斯四处去玩，还省吃俭用给他买来不少有趣的书籍。小高斯捧着这些书爱不释手，很快就沉浸在书里的故事中去了。每次看到儿子这样痴迷读书，母亲做事时，也都轻手轻脚起来，生怕打扰了高斯。可是父亲呢？他只能无奈地摇摇头，发出长长的叹息。

父亲的无奈和叹息，年少的高斯并无察觉，也无法体会，他沉迷在书籍的世界里，乐不可支。父亲有时也会跟母亲抱怨，穷人家的孩子读书有什么出路？还不照样是流汗吃苦的命。可是母亲不这么认为，她偶尔会和父亲争辩几句，但是大多数时候她保持沉默，只是用无比怜爱的目光疼惜地关注着儿子的身影。

夏天时，白天的时间长些。帮着父母忙完家里的活时，懂事的高斯还能借着落日的余晖多读会儿书。可是到了冬天，夜晚往往来得特别快。常常在一吃完晚饭，天刚擦黑时，父亲就催着他上楼睡觉了。因为这样一来，既可以节省灯油，还可以早睡早起，帮忙干活。父亲是这样想的，可是小高斯还想借着楼下的灯光读书。父亲的命令不能违抗，高斯转动着脑瓜子，想出了个好主意。他找来一棵芜菁，把里面挖空，再往里边塞上一根蘸了油脂的棉条做灯芯。这样就成了一盏简易的油灯，借着这点微光，高斯在寒冷的冬夜，蜷缩着身体，贪婪地阅读着书上的每一个文字。出生在这样一个知识贫乏的家庭里，书籍里的内容就成了充实高斯幼小心灵的主要食粮。在书籍的影响下，他爱上了学习。

高斯7岁的时候，进入当地的国民小学上学了。每天背着母亲做的新书包,跟着村子里的小伙伴们一起迎着初升的太阳去学校,是他最开心的事。虽然学校里的条件非常简陋,不仅校舍破破烂烂,而且老师们也是一副不把讲课当回事儿的态度。学校的校长布特纳先生,是个相当严厉而且性情粗暴的人。每次在他的课堂上,所有的小学生都胆战心惊,因为大家都怕被布特纳先生揪着耳朵罚站墙根。但是,就是在这位人见人怕的老师面前,小高斯以他出色的才华赢得了老师的青睐。

1787年,高斯刚满10岁。有一天,轮到校长布特纳先生给大家上算术课。一看到校长夹着讲义往教室走

来,刚刚还吵得沸沸扬扬的班里立刻鸦雀无声。大家全都端端正正坐在各自的位子上,做出精神抖擞的样子等着上课。布特纳先生走进教室,放下讲义夹,用惯常严苛挑剔的目光扫视了一遍全班。然后,背转身,抓起粉笔,直接在黑板上写下了一长串的算式:81297+81495+81693+…+100899=?这组数字后一数都比前一数大198,一共100个数相加。一看到这么长的数字,小学生们个个都像霜打的茄子,蔫蔫地埋下了头。随即,又都赶紧趴在桌子上,忙不迭地算了起来。

当老师布置完作业后,小高斯轻而易举就得到了答案。

"谁要是算出来了,就把答案交上来!"布特纳先生在自己的位置上坐了下来,高声道。不一会儿,一个瘦瘦小小的孩子走上来,把他的石板轻轻放在老师的面前。布特纳先生叫住转身就走的小高斯,用警告的语气说道:"谁要是没动脑子,胡乱编造一个数字来交差,可得小心了!"其余的孩子正在手忙脚乱地一个个加数字,听到老师的话,偷偷瞄了讲台上一眼。只见小高斯若无其事地回到自己的座位上,端端正正地坐了下来。布特纳先生也许怎么也想不到,在这个偏僻的小地方,在自己所教的这群资质平庸的小学生里,竟然会出现了一个数学神童,这件事简直就是天方夜谭!但事实是,当他把高斯的答案检查一遍后,那个答案,毫无疑问是正确的。

幸运眷顾

　　布特纳先生出的那道算术题,是一个关于等差数列的代数题。能够独立发现这其中的规律,对于一个年仅10岁的孩子而言,可说是一个奇迹。这个奇迹令苛刻的布特纳先生对自己这个名不见经传的学生,从此刮目相看,并试图把这个孩子往数学的道路上引领。他自掏腰包买来最好的算术书送给小高斯,这让对知识如饥似渴的小高斯别提有多高兴了。但是,老师买来的这些书很快就被他读完了,好像这些书上的内容一点都难不倒他。

　　布特纳先生万分吃惊,他不得不承认:"这个孩子已经超过我了,我没有多少东西可以教给他了。"

　　就在这个时候,小高斯结识了另一位良师益友,约翰·马丁·巴蒂尔。巴蒂尔是布纳特先生的助手,一个亲切友善、又高又瘦的年轻人。他平时的主要工作就是教学校里的小学生们写字,或者是帮他们削鹅翎笔,但是他对数学有着特殊的偏好。正是这一点,巴蒂尔和小高斯成为了形影不离的好朋友。他们因为在数学上的共同志趣结下的深厚友情,一直维持到了巴蒂尔去世。巴蒂尔用自己挣来的钱,买来代数和分析学书籍,作为他和高斯两人共享的课本。他们相互探讨、争论、演算、求证,解决了一道道难题。在相互的学习中,高斯的数学知识进步飞快。从小养成的凡事爱问个"为什么"的习惯,使他开始用自己的眼光,独立对书本上的结论进行评判,并由此向之前的数学大师们的某些证明和结论提出质疑。据说,高斯12岁时,已经开始怀疑元素几何学中的基础证明。16岁时,就已经隐约地看到在欧氏几何之外必然会产生的一门完全不同的几何学,即非欧几里得几何学的曙光。他还导出了二项式定理的一般形式,将其成功地运用在无穷级数上。

　　有一次,巴蒂尔想尽办法,从书店老板那里买来了欧拉的著作《代数的完整介绍》。书一拿到手,他就赶紧跑去给高斯看,高斯兴奋地跳了起来。下午放学的时候,高斯捧着书恋恋不舍。在他的一再央求下,虽然巴蒂尔也很想

聪敏早慧的高斯得到布伦瑞克公爵斐迪南的关心,公爵慷慨资助高斯完成学业。

一睹为快，但看到高斯热切的样子，他痛快地答应下来，让高斯先把书拿去看。高斯走出学校时，天色已经黯淡下来。一路上，他一边走路，一边在脑子里回想着书上看到的内容，忍不住又从包里掏出书本，边走边看。不知不觉中，他走到了一处豪华的庄园大门口。

这座庄园正好就是当时的斐迪南公爵在布伦瑞克的住宅。高斯路过这里时，碰巧遇到公爵夫人在花园里散步。隔着围栏她被院门外这个格外专注看书的少年吸引住了。于是她让人把高斯叫到跟前，向他询问叫什么名字、在哪里念书等。小高斯有点不知所措，但还是镇定地回答了公爵夫人的问话。令这位尊贵的贵妇人意想不到的是，这个年幼的孩子手里捧着的竟然是大学者欧拉的著作。这太不可思议了！回头公爵夫人就把这件亲眼所见的"奇闻"告诉了公爵。公爵曾经听人提起过，说布伦瑞克有一位才智过人的小神童。当时他并未在意，只是一笑了之。现在，听到夫人这么一说，他才确信真有其事。于是立即下令，派人将高斯接到自己府上，他要亲自验证一下这位神童的才能。

💠 韦伯和高斯雕像

在公爵宽敞明亮的大厅里，面对着一群达官贵人，小高斯再一次显露了自己的才华。他们接连出的几道难题，没一个难得住高斯，都被他轻松给出了答案，而且准确无误。这位多次获得军功勋章、在战场上骁勇善战的公爵，平日里难得在众人面前夸赞别人，但这次他把这项殊荣给了这位 10 岁出头的天才少年。陪着高斯一起来的巴蒂尔兴奋得手上出了汗，母亲也露出了骄傲的笑容，唯有父亲显得忧心忡忡。看到儿子少年成名，他难道不高兴吗？不，他当然也为有这样的儿子而自豪。但是，面对现实，他实在无力供高斯去读大学。与其让高斯到最后关头受打击，不如从现在起就浇灭他内心里燃烧着的对知识的渴望。

然而，此时幸运女神向小高斯伸出了手。具有远见卓识的公爵大人因为自己的领地出现这样一位天才少年，惊喜万分。当得知高斯家境困难，很可能无力供他念书时，公爵当即慷慨承诺，他愿意成为高斯的资助人，从现在起一直赞助到他顺利完成大学学业。对高斯这样出身贫苦家庭的孩子来说，这个从天而降的好消息，令他无比兴奋。

生活在 18 世纪到 19 世纪之交的德国，是高斯的幸运。随着英国工业革命的蓬勃兴起，普鲁士统治阶层里的一些有识之士也看到了科学在转化为生产力的过程中所显示出来的强大力量。为了扩张领土、占据更多资源，以便维持和巩固自己的统治，他们对教育和科学事业的发展给予了前所未有的关注。一时间，学术赞助人成为当时普鲁士贵族社会里一个备受推崇的名头。科学摆脱了作为宫廷和贵族装饰门面的高不可攀的角色，开始走向了普通大众。从民间涌现出了众多来自各阶层的学者，推动了科学在这一时期的空前发展。正是在这样的大背景下，作为一名再普通不过的工匠的儿子，高斯才有可能受到重视，并得到上大学的机会。这样的事如果再提前一百多年，那简直是不可想象。

■ 1795 年，18 岁的高斯来到了德国著名的哥廷根大学求学。他这一来竟和哥廷根大学结下了不解之缘。他在这里度过了一生最宝贵的时光，他的许多主要学术活动也是在这里进行的。

一鸣惊人

在斐迪南公爵的资助下，1792 年，15 岁的高斯进入卡罗林学院学习。在此期间，他研习了欧拉和拉格朗日的著作，并对牛顿在数学方面的成果进行了一番学习。牛顿是高斯在数学领域最高的榜样，据说他从少年时代起，就对牛顿怀着崇高的敬意。尽管在他的著作里，对其他的前辈，如欧拉、拉格朗日、拉普拉斯等人的评价也非常之高，但是对牛顿，高斯则说"他是至高无上的。"

1795 年，18 岁的高斯转入哥廷根大学学习。位于德国西北部的哥廷根大学始建于 1734 年。这一年，身为英国国王及汉诺威大公的乔治二世，为了弘扬欧洲启蒙时代学术自由的理念，委派重臣冯·明希豪森在哥廷根创办一所大学，哥廷根大学因此一开欧洲大学学术自由之风。哥廷根大学历史辉煌，名人辈出，蜚声世界。整个18世纪，它因其极为自由的科学探索精神和氛围，确立了自身在德国大学中的中心地位。曾叱咤风云，在世界历史舞台上声名远扬的拿破仑，就曾在此研习法律，并称"哥廷根是属于全欧洲的。"而这里也成为高斯一生活动最集中的地方，这期间，除了短暂的离开，高斯在哥廷根一直工作、生活到了生命的最后一刻。在他本人和那些继承了他的学识思想的后继者们的共同努力下，一个人数众多、学科全面，富有进取心和创造性，讲求学术平等、学风自由的学派——哥廷根学派逐渐形成，并成为世界数学科学发展史上长期占据主导地位的重要学派。

　　1795年的秋天，哥廷根城秋高气爽、云淡风轻。这座"没有校门和围墙的大学"，在一个阳光灿烂的秋日里，张开双臂，迎接了一位远道而来的年轻人。他从学校的林荫道上匆匆走来，手里拎着一只破旧的小皮箱，衣着朴素，但是外表上的简朴遮掩不了年轻人坚毅睿智的目光。从这天起，高斯开始了他在哥廷根的大学生活。在同一年，18岁的高斯独立发现了"质数分布定理"和"最小二乘法。"质数又称素数，指在一个大于1的自然数中，除了1和这个整数自身以外，没有被其他自然数整除的数。这其中比1大但不是素数的数称为合数，而1和0既非素数也非合数。关于素数的理论在数学的重要组成——数论中，占据非常重要的地位。

↑高斯在哥廷根这所德国最高学府中接受了系统和严格的科学教育。很快，他便脱颖而出，在数学领域作出了名振世界的一系列重大贡献。

　　1795年，在上述研究基础上，高斯独立发现了数论中的二次互反定律，并且第一个对此作出了严格的证明。据说，当年大名鼎鼎的欧拉也曾发现过这个定理，但是他没有给出证明，而是举了几个例子作为验证。1785年，法国数学家勒让德也曾对外宣布发现了这一定理，但是他的证明后来被认为是存在缺陷的。这个让不少数学家为之折腰的数论堡垒，被一位籍籍无名的年轻大学生攻克了。高斯以他的独特智慧，利用数学归纳法的巧妙构思，对这个难题作出了一个完美的证明。其证明过程令那些见证过它庐山真面目的数学家惊叹不已，但高斯本人并不满足于此。高斯对数论的情有独钟，就像他自己所说的那样，"数论是数学王国的皇后"。正因为如此，对二次互反定理这样一个重要的数论定理,高斯才认为,"绝不能以获得一个证明以后,就宣告研究结束,或者是把寻找另外的证明当做完全多余的奢侈品。"基于这样的考虑,高斯执著地反复思考多年,先后对此给出了 6 个不同的证明。

有了这个重要的发现,想要一举成名,简直唾手可得。但是,高斯没有这样想,荣誉和掌声不是他的目的。他没有高声宣扬,也没有公开发表,而是把这颗他从"数学仓库中"精心挑选出来的珍宝和其他发现"一起关进了他的褐色小皮箱里"。这个时候,年轻的高斯正面临抉择,到底数学和语言学哪一个更适合作为自己倾尽毕生心力,对其矢志不渝的"爱人"。因为他发现,自己在语言学方面有着同样的兴趣和才能。

1796 年的春天似乎来得格外早些,哥廷根大学的草地上早已绿意盎然。一个冬天只顾埋头工作的高斯并未察觉这悄然到来的春天,等到他发觉时,春天的脚步都要走远了。没有关系,春天本来就是新旧交替的时节。在这洋溢着生命气息的春日里,高斯又有了新成果,他用直尺和圆规做出了一个正十七边形。尺规作图是起源于古希腊的数学课题,一般要求只使用圆规和直尺,并且只允许使用有限次,来解决不同的平面几何作图问题。我们在上小学时就开始学习用圆规和直尺作图了,如

▲ 1977 年东德邮票。上面绘有高斯年轻时的头像和正十七边形作图法。

果给你一个题目,让你分别作一个正五边形、正六边形、正七边形和正九边形,通常,前两个图形都比较容易。但是,后两个图形无论如何却都做不出来。这是为什么呢?据说,欧几里得曾使用尺规作出了正三角形、正四边形、正五边形、正十五边形,并且通过反复二等分这些正多边形的边得到一系列正多边形。但是正十七边形的作图问题,从古希腊时起,就有无数数学家反复尝试,但都以失败而告终。直到将近两千年后,19 岁的高斯才将这个老大难问题解决。

高斯通过对之前数学家们作图方法的研究发现，前面那些数学家之所以失败，是因为他们几乎无一例外都是从几何的角度出发，试图通过几何方式去寻找突破这个几何难题的途径。因为囿于几何的思维框框，他们无法看到别的路径。而高斯则从数论的研究中找到了一线光明，他发现其实这个正多边形的作图问题，完全可以转化为一个由整数组成的代数方程的求解问题。高斯的这个思路，开创了把一个领域的问题转移到另一个领域来解决的先例。事实上，在他后来的研究工作中，他还曾多次采用过这类方法。通过对这个代数方程的求证，他得出了用尺规做正多边形的条件：使用尺规所能作出的边数为奇数的正多边形，它的边数必定是费马素数或不同费马素数的乘积。这也就是说，能够用尺规作出的正多边形，其边数只能是 3，5，17，257，65537，……或者边数是它们的乘积的正多边形，但是不能作正 7、9、11、13 或 19 边形。

　　据说，这次的成功让高斯大为振奋，他甚至希望，将来能够在自己的墓碑上刻上正十七边形的图案。此后，他更是下定决心投身到数学事业之中。为了纪念高斯的这一成就，在他去世以后，人们专门为他在家乡布伦瑞克建立了一尊以正十七棱柱作底座的纪念像。

　　从 1795 年 10 月到 1798 年 9 月，高斯在哥廷根大学度过了三年大学时光。这三年的时间，被认为是他一生中取得最多成果的时期。因为有公爵的资助，他不必为生活操心，于是关起门来，一心一意地沉浸在数学的世界中做研究。据说，高斯的工作通常都是一个人独立完成的。也就是从这一时期起，一直到 1814 年间，他形成了一个习惯，常常把自己一时的灵感和想法记在一个毫不惹眼的小册子上。在这个薄薄的只有不到 20 页的小册子里，每一张纸都被各种奇怪的符号填满。这个小册子跟随了高斯十几年，记录了他在这一时期里上百项的研究成果。因为是随时随地，随手记下的想法，所以每一条的记录文字都非常简短。

　　这个小册子可说是高斯的私人日记，因

🔖 高斯纪念邮票

为当我们透过那些三言两语的文字和奇怪的符号，看到的似乎不仅仅是这位数学家的数学思想，甚至也能够看到他在每得到一个新发现时的心情。这份珍贵的日记后来成为人们探寻大师思想历程的重要资料，但是因为高斯本人始终珍藏着它没有公开，直到1898年，在他逝世后43年，才得以在科学界流传。这本日记一经公开，轰动了整个数学界。原来，这些年数学界取得的许多重大成果，高斯在生前早已经发现。在他的这些研究成果中，有的公开发表的很晚；有的甚至在他生前就没有发表。

至于说高斯为什么没有公开自己的成果，有些人认为，这可能跟高斯对工作极端严格和审慎的态度有关。父亲和舅舅一丝不苟的工作态度，数学领域的伟大先驱者对作品的精益求精，都深深影响了高斯。他以他们为榜样，对自己的作品提出了近乎苛刻的要求，他只发表那些他认为足够完美、在语言上没有任何瑕疵、在逻辑上没有任何疏漏的作品。在他认为不满意时，他宁愿把自己的成果束之高阁，也不愿它带着缺憾见人，这是他"宁缺毋滥"的原则。高斯是敏感而要强的，虽然出身贫寒，但他和自己的双亲一样，有着极强的自尊心。那个时候，数学家之间存在的各持己见、互相指责甚至讽刺挖苦对方的风气，高斯甚为反感。为了避免招来这些无端的争执，他干脆不予奉陪，这些难得的数学"珍宝"就这样沉睡在他的小箱子里。

1798年，高斯在哥廷根的大学生活也快要结束了。这个时候，他的一本关于数论的专著《算术研究》基本上也大功告成。这年秋天，高斯去了一趟黑尔姆斯泰特，在那里见到了著名数学家帕夫（1765—1825）。在帕夫的请求下，他接受了证明"代数学基本定理"的挑战。所谓代数学基本定理，实际上就是这样一个命题："一个 n 次多项式方程，在其复数域内，有且只有 n 个根。"关于这个命题，早在高斯之前的一百多年前，就已经被数学家认识到了，但是关于这个定理的证明，却是一个尚未完善的难题。之前已经有拉格朗日、欧拉的证明在前，但是他们的证明都有着一定缺憾。1799年，高斯经过自己的分析，给出了第一个严格的证明，并以此论题作为他在哥廷根大学的博士论文。这个定理后来高斯又先后给出了3个证明，作出第四个证

↑德国数学家帕夫

明的时候，他已经是年逾古稀的老人了。

数学的尊严

　　1801年，在经历了出版商的一再拖延后，高斯的第一部巨著《算术研究》问世了。这本书的第一章，就是高斯对"二次互反定理"的完美证明。而书中堪称最为华彩的部分，是高斯将代数方程 $xn=1$ 的根的讨论应用于圆的分割问题的创举。这一创举将数论、代数和几何熔于一炉，打造出了一个数学史上的典范之作。正是因为此书融合高斯的众多思想成果，所以有人认为，这是他一生中最伟大的作品。据说，当时已经68岁高龄的拉格朗日在看到《算术研究》时，也曾大为赞叹，并亲自向高斯致信，表达了自己由衷的祝贺。

　　虽然《算术研究》中所涉及的每个内容看似学过普通代数的人都能看懂，但实际上它完全不是写给初学者看的。由于内容深奥，加之全书刚好有7个部分，所以人们也风趣地称其为"加七道封漆的著作"。

📖 1801年，年仅24岁的高斯发表了他的著作《算术研究》，这标志着近代数论的开始。

　　就在《算术研究》出版的同一年，意大利天文学家皮齐亚发现了一颗新的小行星，并将其命名为"谷神星"。但是后来皮齐亚因病耽误了观测，从而失去了这颗小行星的轨迹。为了寻找这颗已经被淹没在太阳光辉里的谷神星，皮齐亚将自己所得的观测数据发表出来，向全球的天文学家寻求帮助。当时，高斯也在最小二乘法基础上创立的测量平差论的帮助下，测算天体的运行轨迹。他随即利用这种方法，测算出了谷神星的运行轨迹。之后，一位奥地利天文学家根据高斯计算出的轨道，成功发现了谷神星。这一发现让高斯的名字传遍了欧洲，也让更多的普通人认识了这位出身贫困平民家庭的年轻数学家。

　　1805年，28岁的高斯和约翰娜·奥斯芙正式结婚。很快，他们的三个孩子相继来到世间。就在他的长子约瑟夫出生后的第二年，1807年，高斯成为哥廷根大学的教授，并担任了当地天文台台长之职。然而就在此时，法国的拿破仑皇帝正骑着战马在欧洲大地上横扫天下。1806年，不可

一世的拿破仑击败了俄国、普鲁士为主的第四次反法同盟，迫使普鲁士投降法国，拿破仑因此取得了普鲁士大部分地区。就在这一年，高斯失去了父亲；一直以来在学习和研究工作中，给他很大资助的斐迪南公爵也在同拿破仑的一次战役中负伤，不久离世。高斯失去了生活来源，这意味着从此他得自谋生路，找一份工作，这对当时已经誉满欧洲的高斯来说，不是什么难事。圣彼得堡科学院早已有心请他接替欧拉的位子，因为自欧拉去世以来，他们始终未能找到合适的人选来领导圣彼得堡科学院的工作。德国自然不愿意高斯离开，很快他们就给他安排好了职位，担任哥廷根天文台台长，并适当为哥廷根大学兼课。这项职务不仅可以使他照料家庭，还为他提供了一个安静的工作环境，他欣然接受了邀请。

■ 谷神星最早在 1801 年为意大利人皮亚齐所发现，但是当时的人们并不相信它的存在。高斯成功地推算出谷神星的运行轨道，使谷神星再一次被重新发现。谷神星的重新发现在当时给高斯带来了巨大的声誉。

但是，随着普鲁士战败投降，拿破仑要求的巨额战争赔偿很快成为压在普鲁士人民身上的重担。高斯作为哥廷根天文台的台长，也被要求每年贡献给拿破仑皇帝一笔不菲的金额。高斯有限的薪金只能够维持一家人的温饱开支，这笔巨款他根本无力缴付。有几位朋友出谋划策，劝他用自己的名义向拿破仑请求豁免这笔"赔偿金"。如果他肯低头，以拿破仑的心性，他一定会乐意借机来向世人展示一下自己的"仁慈"。高斯断然拒绝了朋友的主意，他是数学家，科学的尊严绝不会容忍自己向任何权势摇尾乞怜，即便他是拿破仑。为了帮助他渡过难关，朋友们有的为他寄来了钱，有的想办法为他筹钱，但是面对朋友的仗义相助，他一一婉言谢绝了。朋友们焦急万分，后来有人想了个点子，他们匿名从法兰克福给他寄来了一笔钱。高斯无从得知赠送人的姓名，没法退回去，这才领情收下了这笔汇款。

1809 年，高斯遭受了人生的一次沉重打击，他深爱的妻子约翰娜去世了。面对背负着沉重债务的祖国人民，面对家庭生活的窘境和失去爱人的悲痛，高斯把这一切的悲愤和痛苦埋入心底，奋不顾身地扑在工作上。他从来没有向朋友们流露过自己所承受的巨大压力和内心深处所受的煎熬，他们看到的始终是那个谦和冷静的高斯。仅有一次，他在一份数学手稿中无意泄露了当时的心境。那是一份关于椭圆函数的手稿，人们在那些密实的数字和符号中间，发现了一行漂亮的铅笔字，那上面写道："对我来说，死比这样的生活更亲切。"

沉默是金

　　1809 年，高斯的第二部著作《天体运行论》正式发表。他在这本书里详细讨论了根据观测数据如何确定行星和彗星的轨道，由此建立了一系列天文学计算中的重要公式，还介绍了他创立的最小二乘法原理和高斯分布曲线。令人意想不到的是，这本书的发表，却给他带来了不少困扰，特别是令他和勒让德的关系陷入冰河。勒让德同是当时一位才华横溢的数学家，不巧的是他和高斯在数论、最小二乘法原理等课题上研究的项目重合。他独立发现的不少成果，有一些还是在高斯之前就已经发表的。例如最小二乘法，1806 年勒让德就宣布了这一原理，但高斯呢？他直到《天体运行论》出版时，才发表了出来。如果事情只是这样，或许还好些。要命的是，高斯在书中还顺便提了一下，说自己早在 1795 年就已经发现并实际应用这个原理了，就是这个"顺便一提"惹来一场误会，因为他一下子就把勒让德多年辛苦研究的优先权给剥夺了。

　　高斯的做法让勒让德很受伤害，他因此发表了一些措辞激烈的言语。人们期待高斯能给大家一个说法，然而高斯虽然理解对方的心情，但是他没有立即站出来澄清事实，而是选择沉默。这样一来，不明真相的人们反而以为高斯是默认了，他们一面对勒让德深感同情，一面对高斯大加指责，一时间舆论纷纷、流言飞舞。高斯犹豫了：解释了，能怎样？不解释，又如何？事情既然已成事实，

⬇ 高斯画像

↑ 勒让德，法国数学家，椭圆积分理论奠基人之一。

就这样吧。难道他当真就为了这个所谓的优先权而去和人争得面红耳赤吗？说他沽名钓誉也好，说他私心太重也罢，最重要的，他对数学的一颗火热赤诚之心从未动摇。

高斯的缄默不语，让当时的数学同行们对他产生了很大误解，这样的误解甚至影响到了后来的年轻数学家。他们因为没能得到高斯的及时指导，而在攀登数学高峰中多走了不少冤枉路。高斯自己的想法只有他自己心知肚明，而外人对他的指责却是一波未平，一波又起。他们说他妒忌贤能，不愿意提携后来人，在法国人柯西发表关于复变函数理论的重要论文时，高斯没有任何一句对这位年轻人表示赞赏和鼓励的话；后来英国数学家哈密顿论四元数的杰作问世，他也同样置若罔闻，等等。朋友们深为这些流言飞语感到气愤，他们请高斯说出事实。可这次高斯仍然无所作为，他也只是一笑了之。是啊，悠悠之口，流言烁金，澄清了能怎样呢？更何况这里边还另有隐情。因为早在柯西开始这一课题的研究之前，高斯早已找到了打开这个难题的钥匙；而哈密顿的四元数理论，高斯的成果早已在日记里安睡了几十年。如果他说了，无疑会成为这两位年轻人在数学道路上继续前进的阻碍。他不愿看到这种类似勒让德事件的发生，就让那些无稽之谈冲着自己来吧！受点委屈算什么呢？

↑ 高斯肖像曾被印刷在从1989 年至 2001 年流通的 10 元德国马克纸币上。

历史自有公道，时间总会还给人应得的荣耀。随着后来高斯日记的公开、一系列手稿、著作的昭然天下，事情终于真相大白。所有的臆想和揣测纷纷闭了嘴，高斯用他的实际行动维护了数学的尊严，铸就了自己崇高的人格和无私宽阔的胸怀，成就了他高贵的"数学王子"的美名。

1810 年，高斯迎来了人生中的第二次婚姻，后来他们又有了三个子女，在这位妻子的精心照料下，孩子们健康活泼地成长了起来。家庭的稳定，让高斯更加专注于自己的事业。

不再沉默

1818 年至 1826 年间，高斯主持指导了汉诺威公国的大地测量工作。在担任这项职务期间，高斯常常亲自参加野外测量工作。他白天出去观测，夜晚在灯下伏案计算。在五六年间无数个日日夜夜里，经他亲自计算过的大地测量数据超过 100 万个。当在其领导下的三角测量外场观测走上正轨后，高斯把主要精力转移到处理观测成果的计算上，写出了近 20 篇对现代大地测量学具有重大意义的论文。在这些论文中，他推导了由椭圆面向圆球面投影时的公式，并作出了详细证明，这个理论后来成为了微分几何的重要理论基础。除此之外，他还独立提出了不能证明欧氏几何的平行公设具有"物理的"必然性，这一思想构成了他的非欧几何理论。但是，可能是出于对同时代人难以理解这种反传统的理论的担忧，他未将这一理论对外发表。

📍 在高斯的六个子女中，特雷泽是高斯的小女儿。在她的母亲（高斯的第二任妻子）去世时，她才 15 岁，但是，却挑起了全部家务重担。她很爱她的父亲高斯。高斯晚年，她始终形影不离地伴随着他，为照顾年迈的父亲献出了她的青春。特雷泽是年迈的高斯很长时期里巨大的精神支柱。

关于非欧几何的观念，高斯在他十几岁时就已经开始思考了，但是面对欧式几何统治欧洲数学思想界上千年的稳固地位，要想对其发起挑战，无疑需要常人难以企及的巨大勇气。这让当时学术界的保守派看来，那跟离经叛道没有任何差异。在欧几里得的欧式几何里，曾提出过五条公设。头四条公设分别为：

1.由任意一点到任意一点可作直线。

2.一条有限直线可以继续延长。

3.以任意点为心及任意的距离可以画圆。

4.凡直角都相等。

第五条公设说：同一平面内一条直线和另外两条直线相交，若在某一侧的两个内角的和小于两直角，则这两直线经无限延长后在这一侧相交。

这个文字冗长的第五公设引发了几何发展史上最著名的、争论了长达两千多年的关于"平行线理论"的讨论。人们一直试图用前四个公设来证明第五公设，但事与愿违。直到高斯所在的那个时代，这场争论有了一个实质性的突破，之后一门新的几何分支——非欧几何诞生了。

⬆ 鲍耶·雅诺什,匈牙利数学家,他和罗巴切夫斯基同为非欧几何中双曲几何的创始人。

⬆ 罗巴切夫斯基,俄罗斯数学家,非欧几何的早期发现人之一。

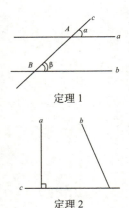

定理1

定理2

⬆ 罗氏几何是第一个被提出来的非欧几何学。上图为罗氏几何定理示意图。

1823 年,高斯的朋友,匈牙利数学家鲍耶·法尔卡什的儿子鲍耶·雅诺什证明了非欧几何的存在。但是因为这一发现为当时数学界的普遍观念所不容,他将自己的证明附在父亲的著作后面,并写信给高斯,征询高斯的意见。高斯对雅诺什不惧强势、勇于探索的精神给予了赞扬,同时充满了无限惆怅。非欧几何的存在无疑已经是个事实,但对那些坚信欧式几何是宇宙空间唯一存在形式的人来说,它仍然如同一个危险的火药桶。一旦被点燃,作为非欧几何的探索者必将招来他们无数的口诛笔伐。幸好当时还有别的工作,关于非欧几何的问题暂时被放到了一边。

但是到了 1840 年,一位叫罗巴切夫斯基的俄国数学家用德文写了一篇名为《平行线理论的几何研究》的文章,公开发表了出来。罗巴切夫斯基是俄国喀山大学的教授,他在对第五公设经过一番极为细致深入的推理论证后,得出两个成果:第一,他用反证法证明出"第五公设不能被证明";第二,他在新的公理体系中进行的一连串推理,得到了一系列在逻辑上无矛盾的新的定理,并形成了一种新的,和欧式几何一样完善、严密的几何学。这种几何学被称为罗巴切夫斯基几何,简称罗氏几何,这也成为第一个被提出的非欧几何学。后来,德国的另一位数学家黎曼创立了非欧几何的另一组成部分——黎曼几何。

罗巴切夫斯基的这篇论文,立即引起了高斯的注意,他无法再保持沉默了。随后,在他的积极建议下,哥廷根大学聘请了罗巴切夫斯基为通信院士。这可能是国际上对罗巴切夫斯基几何的第一个正式承认,也是对处于困境的罗巴切夫斯基的有力支持。为了阅读罗巴切夫斯基其他的相关著作,从这一年开始,63 岁的高斯开始学习俄语,并最终掌握了这门语言。后来,他和雅诺什、罗巴切夫斯基一起成为微分几何的奠基人。

除了在数学上取得的辉煌成就,高斯还为物理学的发展作出了贡献。他曾发明了日光反射仪,可以将太阳光束反射至大约 450 千米外的地方。19 世纪 30 年代,高斯辞去了天文台的工作,与德国物理学家威廉·韦伯共同从事电磁学领域的研究工作,两人因此结为挚友。1833 年,通过受电磁影响的罗盘指针,高斯从天文台向韦伯的实验室成功发送出电报,这被认为是世界首创的第一个电话电报系统。1840 年,他还和韦伯共同绘制出了世界第一张地球磁场图,并且定出了地球磁南极和磁北极的位置。第二年,这些位置得到美国科学家的证实。

安详离世

时间一页页翻过去,当年的数学王子已经成为满头银发的老人。在哥廷根郁郁葱葱的小树林,每天黄昏时,总有一位穿着灰色长袍的老人迎着夕阳来到这里散步。宁静的小树林里,倦鸟归巢,它们呼朋引伴的鸣叫,奏出一支支欢快的乐曲。老人仰头望天,暮色四合,辽阔的苍穹隆起在头顶,高远而幽深。那一刻,他的心情宁静而愉悦。

1854 年春天,这位 77 岁的老人病了两个多月,疾病折磨得他无法安睡。但是,他靠着顽强的毅力与死神抗争。6 月的时候,他仍然去参加了学生贝恩哈德·黎曼的学术报告会,听了这位年轻人对空间理论的独特见解。看到青出于蓝而胜于蓝,老人深感欣慰。不久,老人又在家人陪同下,兴致勃勃去参观了通往哥廷根的铁路通车典礼。

1855 年新年刚过,老人病痛加剧。他清楚自己时日不多,争分夺秒和死神赛跑。在他生命消逝的前夕,他还费尽力气完成了最后的一封信,里边是有关电报设计的介绍。1855 年 2 月 23 日凌晨,这位为现代数学拨开云雾,带来光明的老人在睡梦中安然逝世。

德国哥廷根附近艾尔伯尼托的墓地中矗立着一块朴实无华的墓碑,墓碑上镌刻着正十七边形,碑文只有两个字——高斯。这就是德国大数学家、近代数学的伟大奠基人之一、有"数学王子"美誉的高斯的长眠之地。

"大自然,您是我的女神,我一生的效劳都服从于您的规律。"这句出自莎翁的悲剧《李尔王》中的格言,曾经被高斯工整地写在自己的肖像下面,也正是这句话,恰如其分地概括了高斯的一生。

大 事 年 表

1777 年	卡尔·弗里德里希·高斯出生在德意志北部布伦瑞克一户普通人家。
1792 年	进入卡罗林学院学习。
1795 年	转入哥廷根大学。
1795 年	独立发现了数论中的二次互反定律,并且第一个对此作出了严格的证明。
1796 年	独立用尺规作出正十七边形。
1799 年	第一个对代数学基本定理给出严格证明。
1801 年	第一本巨著《算术研究》问世。
1801 年	在最小二乘法基础上成功测算出谷神星运行轨迹。
1805 年	与约翰娜·奥斯芙正式结婚。
1807 年	担任哥廷根大学教授,并出任哥廷根天文台台长之职。
1809 年	妻子去世。同年,第二部著作《天体运行论》正式发表。
1810 年	开始第二次婚姻。
1818—1826 年	主持指导汉诺威公国的大地测量工作。
1855 年	当年 2 月 23 日凌晨去世,终年 78 岁。